손에 잡히는 프로세싱

Making
Insight

Make: Getting Started with Processing 2/E

by Casey Reas and Ben Fry

Authorized Korean translation of the English edition of Make: Getting Started with Processing 2nd Edition ISBN 9781457187087 ⓒ 2015 Casey Reas and Ben Fry, published by Maker Media Inc.

Korean language edition copyright ⓒ 2017 Insight Press.

손에 잡히는 프로세싱 2판

초판 1쇄 발행 2011년 3월 22일 **초판 4쇄 발행** 2016년 4월 19일 **2판 1쇄 발행** 2017년 11월 17일 **2판 2쇄 발행** 2019년 11월 21일 **지은이** 케이시 리아스·벤 프라이 **옮긴이** 황주선 **펴낸이** 한기성 **펴낸곳** 인사이트 **편집** 김강석·조은별 **제작·관리** 박미경 **용지** 에이페이퍼 **출력·인쇄** 에스제이피앤비 **제본** 서정바인텍 **등록번호** 제2002-000049호 **등록일자** 2002년 2월 19일 **주소** 서울시 마포구 연남로5길 19-5 **전화** 02-322-5143 **팩스** 02-3143-5579 **블로그** http://blog.insightbook.co.kr **이메일** insight@insightbook.co.kr **ISBN** 978-89-6626-210-6 책값은 뒤표지에 있습니다. 잘못 만들어진 책은 바꾸어 드립니다. 이 책의 정오표는 http://blog.insightbook.co.kr 에서 확인하실 수 있습니다. 이 도서의 국립중앙도서관 출판예정도서목록(CIP)은 서지정보유통지원시스템 홈페이지(http://seoji.nl.go.kr)와 국가자료공동목록시스템(http://www.nl.go.kr/kolisnet)에서 이용하실 수 있습니다.(CIP 제어번호: CIP2017027972)

손에 잡히는 프로세싱

2판

케이시 리아스 · 벤 프라이 지음 | 황주선 옮김

인사이트

차례

옮긴이의 글

『손에 잡히는 프로세싱』이 세상에 나온 2011년 이후 어느새 6년이 흘렀습니다. 그동안 프로세싱에 대한 인지도, 관심, 강의, 워크숍, 프로젝트, 그리고 온라인 정보는 물론 번역서와 저서도 훌쩍 늘어난 것을 기쁜 마음으로 봅니다.

프로세싱은 프로그래밍 교육과 빠른 프로토타이핑을 위해 개발된 언어입니다. 누구나 무료로 다운로드해 사용할 수 있고 수정할 수 있습니다. 또한 프로세싱의 간결한 언어는 시각 및 청각적 결과물을 빠르고 쉽게 구현하는 데 큰 도움이 됩니다. 덕분에 전세계의 수많은 학생과 교육자, 예술가, 디자이너, 연구자, 도락가들이 프로세싱을 사용하고 있습니다. 미술을 전공한 역자 또한 프로세싱으로 수많은 작업과 전시를 만족스럽게 할 수 있었습니다.

이 책은 프로세싱을 개발한 벤 프라이와 케이시 리아스가 직접 집필한 책입니다. 덕분에 프로세싱의 철학과 지향점을 가장 간결하면서도 충실하게 반영하고 있기도 합니다. 초판과 마찬가지로 이 책은 초급자와 상급자, 예술가와 공학자, 어린이와 어르신 모두 만족할 수 있는 다채로운 내용을 다루고 있습니다. 나아가, 이번에 새로 추가된 데이터 장은 CSV나 JSON 같은 데이터 형식뿐만 아니라 네트워크 API를 통해 날씨 데이터를 사용하는 방법까지 소개하고 있어 프로세싱의 활용도를 더욱 넓히고 있습니다.

돌이켜 보면 2011년의 『손에 잡히는 프로세싱』 번역은 저에게 여러모로 기억에 남는 중요한 전환점이 되었습니다. 생애 첫 번역 작업이라 고민과 부담도 컸고, 작업은 서투르고 더디고 어려웠습니다. 하지만 『손에 잡히는 프로세싱』 덕분에 제 세계가 조금은 더 넓어졌습니다. 보다 많은 분들을 만나고, 흥미로운 의견들을 나누고, 다양한 프로젝트에 참여할 수 있었습니다. 무엇보다도, 프로세싱을 우리나라 말로 소개했다는 보람은 매우 컸고 오래 지속됐습니다. 덕분에 다시는 못할 것 같았던 번역 작업을 이후에도 계속 할 수 있었습니다.

이미 초판으로 수차례의 강의와 스터디, 그리고 워크숍을 진행했던 터라 이번 번역은 무난히, 그리고 단기간에 끝나리라 예상했지만 그러한 예상은 많이 빗나가고 말았습니다. 원서에는 훨씬 더 깊은 고민과 세심한 디자인이 반영되어 있었고 그러한 저자들의 의도를 살리는 일은 생각만큼 쉽지 않았습니다. 그 지난했던 과정을 기다려주시고 응원해주신 도서출판 인사이트의 한기성 대표님과 편집자님께 깊은 감사의 마음을 전합니다. 또한 관심을 갖고 격려해주신 선후배님들과 동료들, 그리고 학생들에게도 감사의 마음 표합니다.

— 황주선

서문

우리는 사람들이 인터랙티브 그래픽 프로그래밍을 보다 쉽게 할 수 있
도록 프로세싱을 만들었다. 우리는 일반적인 프로그래머들이 많이 사
용하는 프로그래밍 언어들(자바 및 C++ 등)로는 이러한 유형의 소프
트웨어를 작성하는 일이 매우 어렵다는 점에 불만을 느끼고 있었다.
한편, 어렸을 때 사용하던 로고 및 베이직 등의 언어로는 흥미로운 프
로그램을 훨씬 간단하게 작성할 수 있었다는 점에서 영감을 받고 있었
다. 우리에게 가장 큰 영향을 준 것은 DBN(Design By Numbers)이라
는 언어였다. 이 언어는 우리를 지도했던 존 마에다(John Maeda) 교수
가 예술가와 디자이너들에게 프로그래밍을 교육하기 위해 만든 언어
로, 우리는 당시 이 언어를 정비하며 교육에 활용하고 있었다.

프로세싱은 2001년 봄, 한 장의 종이를 앞에 놓고 브레인스토밍을
하던 중 탄생하게 됐다. 당시 우리에게는 두 가지 목표가 있었다. 하나
는 구상 중이던 소프트웨어 작업을 스케치(프로토타입)로 구현하는 방
법을 찾는 일이었다. 그때 우리가 구현하고자 했던 작업은 대부분 전
체 화면으로 보여야 했고 인터랙션도 가능해야 했다. 우리는 아이디
어를 쉽게 코딩해서 시험해 볼 수 있기를 바랐다. 단지 아이디어에 대

한 얘기만 나누고 프로젝트를 끝내는 것도 원하지 않았으며, 그렇다고 C++ 언어로 프로그램을 작성하느라 너무 많은 시간을 써버리는 것도 원하지 않았다. 우리의 또 다른 목표는 프로그래밍 언어를 만드는 것이었다. 그 언어는 디자인이나 예술 전공 학생들이 배우기 쉬워야 했고, 이미 프로그래밍을 할 수 있는 학생들은 그래픽 작업을 보다 수월하게 할 수 있어야 했다. 그 결과 우리는 일반적인 프로그래밍 교육으로부터 긍정적인 결별을 하게 됐다. 우리는 데이터 구조나 콘솔에 글자들을 출력하는 방식 대신 그래픽과 인터랙션에 초점을 맞추고 개발에 착수했다.

프로세싱은 오랜 개발 과정을 거친 후에야 비로소 정식 버전으로 빛을 볼 수 있었다. 프로세싱은 2002년 8월부터 2005년 4월까지 알파 버전 단계를 거쳤으며 이후 2008년 11월까지는 공개 베타 버전 단계를 거쳤다. 이 기간 동안 전세계의 수많은 교사들과 학생들이 교실 및 강의실에서 프로세싱을 사용했으며 나아가 다양한 분야에 종사하는 수천 명의 사람들도 차츰 프로세싱을 사용하기 시작했다. 덕분에 이 기간 동안 프로세싱의 언어, 소프트웨어 환경, 그리고 프로젝트 교과과정 등이 지속적으로 보완되고 개선되었으며 우리가 애초에 목표했던 언어로서의 역량을 훌쩍 뛰어넘어 더욱 강화되고 커졌다. 우리는 프로세싱에 라이브러리라고 하는 소프트웨어 확장 체계도 갖추었다. 수많은 사용자들이 자발적으로 라이브러리를 개발하고 공유한 덕분에 프로세싱은 꿈도 꾸지 못했던 근사한 방향으로 나아갈 수 있었다. (현재는 100여개가 넘는 라이브러리를 프로세싱에 설치할 수 있다.)

2008년 가을, 우리는 드디어 프로세싱 1.0 버전을 발표했다. 7년 동안의 작업 끝에 출시된 1.0 버전의 언어적 안정성은 단연 돋보였다. 2013년 봄에는 보다 속도가 향상된 2.0 버전을 출시했다. 2.0 버전은 더 안정적으로 통합된 OpenGL, GLSL 셰이더와 비디오 재생을 빠르게 처리하는 GStreamer를 선보였다. 3.0 버전은 2015년에 출시됐다. 3.0 버전에는 보다 원활한 프로그래밍을 할 수 있는 새로운 인터페이스와 프로그램을 작성하는 동안 에러를 확인할 수 있는 기능이 추가되었다.

처음 프로젝트를 시작하고 나서 14년이 흐른 지금, 프로세싱은 우리가 초기에 기대했던 것 이상으로 발전했으며 나아가 우리는 프로세싱이 처음에는 생각지 못했던 다양한 분야에서도 유용하다는 점을 깨닫게 되었다. 그에 따라 이 책은 새로운 독자도 대상으로 하고 있다. 일반적인 프로그래머들, 취미 공학자들, 컴퓨터 프로그래밍을 전공하지 않은 예술가와 디자이너들, 그리고 프로세싱으로 무엇인가를 만들어 보려는 모든 사람이 이 책의 독자이며, 우리는 독자가 방대한 안내서를 잃다가 방향을 잃지 않도록 주의를 기울여 이 책을 준비했다. 우리는 이 책이 출발점이 되어 독자가 프로그래밍의 즐거움과 영감을 얻을 수 있게 되기를 바란다.

비록 지난 12년간 프로세싱이라는 배가 물살을 헤치고 항해를 할 수 있도록 길잡이 역할을 한 것은 우리(케이시와 벤)지만, 프로세싱 프로젝트는 커뮤니티의 노고 덕분에 성공할 수 있었다. 프로세싱을 사용하는 커뮤니티의 구성원들은 라이브러리를 작성하고 온라인에 게시해서 소프트웨어를 꾸준히 확장시키고 프로세싱을 배우는 다른 사람들을 돕기도 하며 프로세싱이 초기의 개념을 훨씬 넘어서는 단계까지 도달할 수 있도록 지원했다. 커뮤니티의 이러한 집단적인 지원과 노력이 없었다면 프로세싱은 지금의 모습을 할 수 없었을 것이다

이 책의 구성

이 책의 각 장은 다음과 같이 구성되어 있다:

- 1장: 프로세싱에 대한 소개
- 2장: 첫 프로세싱 프로그램 작성해보기
- 3장: 간단한 도형을 정의하고 그려보기
- 4장: 데이터를 저장, 변경, 그리고 재사용하기
- 5장: 마우스와 키보드로 프로그램의 진행을 제어하거나 결과를 바꾸기
- 6장: 좌표 체계를 바꾸기
- 7장: 이미지 및 글꼴 파일과 같은 미디어를 불러와서 화면에 표시하기
- 8장: 도형을 움직이거나 역동적인 효과를 연출하기
- 9장: 새로운 코드 모듈 만들기
- 10장: 변수와 함수를 포함하는 코드 모듈 만들기
- 11장: 목록 형태의 변수들을 간단하게 다루기
- 12장: 데이터를 불러와서 시각화하기
- 13장: 3D, PDF 내보내기, 컴퓨터 시각, 그리고 아두이노 보드와 연동하는 방법 배우기

이 책의 독자

이 책은 쉽고 간결한 컴퓨터 프로그래밍 안내서를 원하는 독자나, 이미지 프로그래밍 또는 인터랙션 프로그래밍 작업을 하려는 독자를 한 책이다. 또한 이 책은 온라인에 있는 수 천 개의 무료 프로세싱 코드 예제들과 참고 자료들을 빨리 이해해서 활용하고 싶어하는 독자를 위

한 책이기도 하다. 제목을 보면 알 수 있겠지만, 『손에 잡히는 프로세
싱(Getting Started with Processing)』은 프로그래밍 교과서가 아니라
프로그래밍의 시작을 돕는 책이다. 중고등학생, 취미 공학자, 할아버
지와 할머니, 그리고 프로그래밍에 관심 있는 모든 이들이 이 책의 독
자이다.

한편, 이미 프로그래밍 경험이 있지만 인터랙티브 컴퓨터 그래픽이
생소하거나 이제 막 시작하려는 사람들에게도 이 책은 유용할 것이다.
『손에 잡히는 프로세싱』은 게임, 애니메이션, 그리고 인터페이스를 만
들 때 활용하기 좋은 기법을 많이 포함하고 있기 때문이다.

이 책의 코드 사용에 대하여

이 책은 독자의 실질적인 편의를 위해 집필되었다. 일반적인 상황이
라면 독자의 프로그램이나 문서에 이 책의 코드를 사용해도 문제될 것
이 없다. 즉, 코드의 상당 부분을 그대로 복제하는 경우가 아니라면 코
드를 사용할 때 우리에게 연락하여 허락을 구할 필요가 없다. 가령, 이
책의 여기저기에 있는 코드를 사용해서 자신의 프로그램을 작성하는
경우라면 허락을 구할 필요가 없다. 하지만 Make 사의 책에 수록된 예
제를 CD-ROM로 판매하거나 배포할 때는 허락을 구해야 한다. 누군가
의 질문에 답하기 위해 이 책을 인용하며 책의 예제를 답변에 사용할
경우에는 허락을 구하지 않아도 된다. 하지만 이 책에 수록된 예제의
상당 부분을 제품의 문서에 포함시킬 때는 허락을 구해야 한다.

저작권을 표시해 준다면 감사한 일이지만 반드시 표시할 필요는 없
다. 일반적으로 저작권표시는 제목, 저자, 출판사 그리고 ISBN을 포
함한다. 가령 다음과 같다: "Getting Started with Processing by Casey

Reas and Ben Fry. Copyright © 2015 Casey Reas and Ben Fry, 978-1-457-18708-7."[1]

예제 코드를 정당한 사용 범위나 허용 범위를 넘어서 사용하고 있는 게 아닌지 판단하기 어렵다면 편한 마음으로 bookpermissions@makermedia.com에 문의하기 바란다.

연락처

이 책에 대한 의견과 질문은 출판사로 해주기 바란다:

Maker Media, Inc.

1160 Battery Street East, Suite 125

San Francisco, California 94111

800-998-9938 (미국 또는 캐나다) *http://makermedia.com/contact-us/*

Make는 뒷마당이나 지하실 또는 차고에서 매력적인 프로젝트에 몰두하고 있는 재주 있는 사람들을 서로 이어주고, 영감을 불어넣으며, 다양한 정보를 제공하는 등 다양한 지원활동을 하고 있다. Make는 기술을 임의로 수정하고, 해킹하고 또한 변용하려는 독자의 권리를 옹호한다. Make의 독자들은 우리들 자신, 우리의 환경, 우리의 교육 체계, 나아가 우리의 세계를 보다 낫게 만들 수 있다는 신념을 가지는 문화적 움직임과 커뮤니티로 자라나고 있다. 이는 수동적인 독자의 역할을 넘어서는 실천적인 활동 행위이자 전세계적으로 일어나는 움직임이기도 하다. 우리는 이러한 움직임을 메이커 운동(Maker Movement)이라고 부르며 이 움직임의 선봉에 서있음을 자랑스럽게 생각하고 있다.

---

1 한국어판 번역서의 경우, 『손에 잡히는 프로세싱』(황주선 옮김, 인사이트, 2017)으로 표시한다.

다음 주소를 방문하면 Make:에 대해 더 많은 정보를 얻을 수 있다:

- Make:지: *http://makezine.com/magazine/*
- 메이커 페어: *http://makerfaire.com*
- 메이크진닷컴: *http://makezine.com*
- 메이커 셰드: *http://makershed.com/*
- 한국 메이커페어: *https://makerfaire.co.kr/*

이 책의 웹 페이지에는 정오표와 예제, 추가적인 정보들이 있다. 웹 페이지 주소는 *http://shop.oreilly.com/product/0636920031406.do*이다.

이 책과 관련된 의견이나 기술적인 질문은 bookquestions@oreilly.com으로 해주기 바란다.[2]

감사의 말

먼저 브라이언 젭슨(Brian Jepson)에게 감사한다. 이 책의 초판과 재판은 그의 큰 열정과 지원 그리고 통찰력 덕분에 나올 수 있었다. 초판의 경우, 낸시 코타리(Nancy Kotary), 레이첼 모나헌(Rachel Monaghan), 그리고 스미타 무케르지(Sumita Mukherji) 덕분에 책을 완성할 수 있었다. 톰 스고로스(Tom Sgouros)는 책의 편집을 꼼꼼하게 살펴주었고, 데이비드 험프리(David Humphrey)는 통찰력 넘치는 기술적 리뷰를 해주었다.

마시모 반지(Massimo Banzi)가 쓴 『손에 잡히는 아두이노(Getting Started with Arduino)』가 없었다면 이 책도 세상에 나오지 못했을 것

---

2 (옮긴이) 한국어판 번역서의 경우, 오탈자나 내용 문의는 *http://www.insightbook.co.kr*을 통해할 수 있다.

이다. 그의 탁월한 책은 여러모로 이 책에 영감을 주었다.

몇몇 개인들은 수년간 소중한 시간과 노력을 프로세싱에 할애했다. 다니엘 쉬프만(Dan Shiffman)은 우리 프로세싱 재단과 함께하는 동료다. 프로세싱 재단은 프로세싱 소프트웨어를 지원하는 비영리 단체다. 프로세싱 2.0과 3.0의 핵심 코드 중 상당 부분은 안드레스 콜브리(Andres Colubri)와 매닌드라 모하라나(Manindra Moharana)의 예리한 관점 덕분에 만들어졌다. 스콧 머레이(Scott Murray), 제이미 코소이(Jamie Kosoy), 그리고 존 객닉(Jon Gacnik)은 훌륭한 웹 안내서를 만들어 주었다. 제임스 그래디는 3.0 사용자 인터페이스 작업을 멋지게 해내고 있다. 플로리안 제네트(Florian Jenett)는 수년간 프로세싱 포럼, 홈페이지, 그리고 디자인과 관련된 다양한 일을 했다. 엘리 자나니리(Elie Zananiri)와 안드레아스 쉬레겔(Andreas Schlegel)은 배포용 라이브러리 제작 및 문서화에 필요한 기반을 제공했으며 라이브러리들의 목록을 다듬는데 셀 수 없는 시간을 할애했다. 그 외에도 수많은 사람이 프로젝트에 큰 공헌을 했다. 이에 대해서는 https://github.com/processing에 보다 자세하게 정리해 두었다.

마이애미 대학교와 오브롱 인터스트리 사의 지원은 프로세싱 1.0의 출시에 큰 도움이 됐다. 마이애미 대학교의 AIMS(Armstrong Institute for Interactive Media Studies)는 옥스포드 프로젝트라는 이름으로 진행된 일련의 프로세싱 개발 워크숍에 기금을 지원했다. 한편, 워크숍의 성공 이면에는 아이라 그린버그(Ira Greenberg)의 각별한 노고가 있었다. 워크숍은 4일 동안 옥스포드, 오하이오, 피츠버그, 그리고 펜실베이니아에서 진행됐으며 마침내 프로세싱 1.0은 2008년 11월에 출시할 수 있었다. 나아가 오브롱 인터스트리 사는 2008년 여름 벤 프라이에게 프로세싱 개발 자금을 지원하기도 했다.

프로세싱 2.0은 뉴욕 대학의 ITP(Interactive Telecommunication Program)가 지원한 개발 워크숍 덕분에 훨씬 풍요로운 모습으로 선보일 수 있었다. 프로세싱 3.0은 덴버 대학교의 Emergent Digital Practices Program에서 아낌없이 지원해 준 덕분에 출시할 수 있었다. 특히 크리스토퍼 콜먼(Christopher Colemen)과 라레 메흐란(Laleh Mehran)에게 깊은 감사의 마음 전한다.

이 책은 UCLA에서 프로세싱을 이용한 강의를 하며 구체화되기 시작했다. 챈들러 맥윌리엄스(Chandler McWilliams)는 프로세싱 수업들을 정리하는 데 큰 도움을 주었다. 케이시는 UCLA의 Design Media Arts 학과 학부생들이 보여준 활기와 열정에 감사한다. 뿐만 아니라 조교들은 프로세싱을 교육하는 방법을 함께 고심해준 훌륭한 협력자였다. 뿐만 아니라 타츠야 사이토(Tatsuya Saito), 존 헉크(John Houck), 타일러 애덤스(Tyler Adams), 아론 시겔(Aaron Siegel), 케이시 알트(Casey Alt), 안드레스 콜루브리(Andres Colubri), 마이클 콘토풀로스(Michael Kontopoulos), 데이비드 엘리엇(David Elliot), 크리스토 알레그라(Christo Allegra), 피트 호크스(Pete Hawkes), 그리고 로렌 매카시(Lauren McCarthy)에게도 경의를 표한다.

이 모든 것은 존 마에다(John Maeda) 교수가 MIT 미디어랩에서 미학과 컴퓨팅 그룹(1966-2002)을 설립한 덕분에 가능했다.

1
프로세싱 만나기

프로세싱(Processing)은 이미지 및 애니메이션을 만들거나 인터랙션 프로그램을 제작하는 소프트웨어다. 마치 그림을 그리듯 코드도 쉽게 작성할 수 있어야 한다는 인식하에 프로세싱은 개발되기 시작했다. 그래서 프로세싱에서는 코드를 한 줄 작성하면 동그라미 하나를 그릴 수 있다. 코드를 몇 줄 더 추가하면 동그라미가 마우스를 따라오게 만들 수 있고, 또 코드를 더하면 마우스를 눌렀을 때 동그라미의 색깔이 바뀌게 할 수 있다. 우리는 이것을 '코드로 스케치하기'라고 한다. 연필로 한 줄씩 선을 그려 스케치를 완성해 가듯, 코드를 한 줄씩 추가해서 프로그램을 완성해 가기 때문이다.

  전형적인 프로그래밍 수업의 첫 시간은 대부분 프로그램의 구조나 이론에 대한 내용으로 채워져 있다. 그리고 몇 주 동안 알고리즘과 메서드를 배운 후에야 비로소 시각적인 구현물(가령 인터페이스나 애니메이션 등)을 만드는 방법이 나온다. 그때까지 학생들은 마치 달콤한 후식을 먹기 위해 채소를 억지로 먹고 있는 아이들처럼 참고 견딜 수밖에 없다. 지난 몇 년 동안 우리가 관찰한 바에 의하면, 수많은 학생들이 첫 수업을 듣자마자, 또는 첫 과제의 마감일을 앞두고 여러 날을 전전긍긍하다가 결국 수강을 포기해 버렸다. 물론 수업을 포기한 학생들도 처음에는 컴퓨터로 무엇인가를 만들 수 있다는 생각에 대단한 호기심과 의욕을 갖고 있었다. 하지만 전형적인 프로그래밍 수업은 이 학생들의 호기심을 충족시키지 못했을 뿐만 아니라, 학생들이 자신의 목표에 도달하도록 안내하는 역할도 하지 못했던 것이다.

프로세싱을 사용하는 학생들은 인터랙티브 그래픽을 만들며 프로그래밍을 배운다. 코딩을 교육하는 방법은 셀 수 없이 다양하겠지만, 일반적으로 학생들은 즉각적인 시각적 되먹임(feedback)이 있을 때 조금 더 흥미를 느끼고 의욕도 얻는다. 이는 주목할 필요가 있는 매우 중요한 현상이다. 그래서 프로세싱은 애초에 학생들에게 적절한 되먹임을 줄 수 있도록 디자인되었으며, 덕분에 프로세싱은 프로그래밍 교육 분야에서 많은 주목을 받으며 인기를 끌고 있다. 한편, 프로세싱은 이미지, 스케치 그리고 커뮤니티를 중시한다. 이에 대해서는 다음 절에서 보다 자세히 알아보도록 하자.

스케치하기와 프로토타이핑

스케치하기는 생각을 발전시켜 나가는 중요한 방법 중 하나다. 스케치는 재미있게 할 수 있을 뿐만 아니라 생각을 신속하게 발전시키는 데도 큰 도움이 된다. 스케치를 하는 기본적인 이유는 비교적 짧은 시간 안에 최대한 많은 아이디어를 탐구하기 위해서다. 우리들도 작업을 할 때는 종이에 스케치를 그리는 단계부터 시작하곤 한다. 그리고 스케치를 통해 생각을 충분히 발전시킨 다음에는 코드로 옮긴다. 단편적인 스케치로 표현하기 어려운 애니메이션의 흐름이나 인터랙션 아이디어는 스케치와 설명을 곁들인 스토리보드로 먼저 작성한 다음 코드로 옮긴다. 일단 종이에 그린 스케치나 스토리보드를 부분적으로나마 코드, 즉 소프트웨어 스케치로 옮긴 다음에는 소프트웨어 스케치들을 비교 및 검토해서 그중 가장 좋은 아이디어를 선택한다. 그리고 선택한 스케치를 프로토타입으로 발전시킨다(그림 1-1). 한편, 프로토타입을 만들었다고 프로그램을 개발하는 과정이 모두 끝나는 것은 아니다. 사실 개발 과정은 종이 스케치와 소프트웨어 스케치를 반복해서 오가는 연속적인 과정이다. 원하는 결과에 도달할 때까지 그리고, 만들고, 시험하고, 개선하는 과정을 순환적으로 되풀이해야 마음에 드는 결과를 얻을 수 있다.

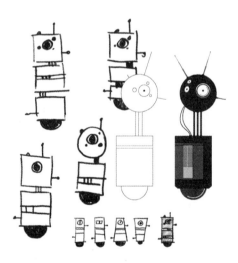

그림 1-1 종이에 그린 스케치를 소프트웨어 스케치로 바꾸다 보면 종종 새로운 표현의 가능성을 발견하곤 한다.

다양한 활용 분야

프로세싱은 수없이 작은 소프트웨어 도구들로 이루어져 있다. 그리고 프로세싱 프로그래머는 이 작은 도구들을 다양한 방식으로 조합하여 자신이 원하는 결과물을 만들어 낸다. 덕분에 프로세싱은 간단한 프로그램을 짧은 시간 안에 만들 때도 좋고, 보다 심층적인 연구용 프로그램을 긴 호흡을 갖고 만드는 데도 적합하다. 프로세싱 프로그램을 만들 때는 짧게는 코드 한 줄, 길게는 코드 수천 줄을 작성하기도 한다. 덕분에 사용자는 프로세싱을 얼마든지 다양한 방식으로 활용할 수 있다. 뿐만 아니라 100개가 넘는 라이브러리 덕분에 프로세싱의 활용 범위는 사운드, 컴퓨터 비전 그리고 디지털 제조 분야까지 점차 확장되고 있는 추세다(그림 1-2).

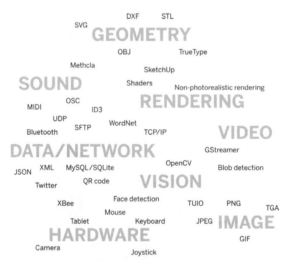

그림 1-2 프로세싱은 다양한 유형의 작업을 처리할 수 있다.

선구자들

사람들은 이미 1960년대부터 컴퓨터로 그림을 그려왔다. 우리는 이러한 역사의 선구자들로부터 많은 것을 배울 수 있다. 가령, CRT(음극선

그림 1-3 1971년 5월 11일 만프레드 모어(Manfred Mohr)가 파리 시립 근대미술관에서
선보인 드로잉 장치의 시연 사진. 벤슨 플로터와 디지털 컴퓨터를 사용해서 그림을 그렸다.
<사진: 라이너 뮐레(Rainer Mürle), 제공: 뉴욕 비트폼(BitForm) 갤러리>

관)이나 LCD 모니터가 널리 보급되기 전에는 커다란 출력 장치인 플
로터(그림 1-3)를 이용해서 컴퓨터 그림을 출력하곤 했다. 우리 모두
는 우리보다 앞서 살며 많은 것들을 이룩한 거인과 같은 선구자들의
어깨 위에 올라서서 삶을 살아간다. 프로세싱 또한 디자인, 컴퓨터 그
래픽 아트, 건축, 통계학, 그리고 그 사이사이의 분야에서 활약했던 선
구자들 덕분에 탄생할 수 있었다. 스케치패드(1963)의 이반 서덜랜드
(Ivan Sutherland), 다이나북(1968)의 앨런 케이(Alan Kay) 그리고 루
스 리빗(Ruth Leavitt)이 쓴 『예술가와 컴퓨터(Artist and Computer)』
(Harmony Books, 1976)[1]에 등장하는 수많은 예술가들은 모두 우리의

1   http://www.atariarchives.org/artist/

선구자들이다. 그리고 ACM 시그라프(ACM SIGGRAPH)나 아르스 일렉트로니카(Ars Electronica)가 오랜 세월 동안 구축한 아카이브 또한 그래픽과 소프트웨어의 역사에 대한 매혹적인 일견을 제공한다.

프로세싱의 친척들

우리가 일상에서 사용하는 자연어는 공통의 조상으로부터 갈라져 나온 다른 언어들과 친연 관계를 이루곤 한다. 우리는 이 친연 관계 언어들을 묶어서 어족이라고 부른다. 대부분의 프로그래밍 언어도 유사한 특징을 가진 언어들이 모여 어족을 형성하곤 한다. 한편 하나의 프로그래밍 언어에는 사뭇 다양한 언어의 특징들이 포함되기도 한다. 프로세싱은 자바(Java)라는 프로그래밍 언어의 한 갈래다. 덕분에 언어의 구문은 자바와 거의 동일하다. 하지만 그래픽이나 인터랙션과 관련된 부분에서는 자바와 달리 사용자 정의 기능이 추가됐다(그림 1-4). 한

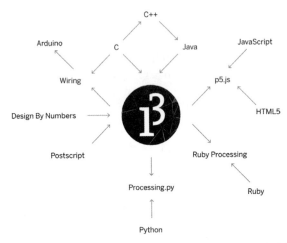

그림 1-4 프로세싱이 속한 어족에는 다양한 언어의 특징과 개발 환경 요소가 많이 포함되어 있다.

편, 프로세싱의 그래픽 요소는 PostScript이나 OpenGL과 관련이 깊다 (PostScript는 PDF 형식의 기본 규격이며, OpenGL은 3D 그래픽의 규격이다). 이렇게 프로세싱은 자바, PostScript, OpenGL 등과 많은 부분을 공유하고 있기 때문에 프로세싱을 배우면 그만큼 다양한 언어의 특성을 이해할 수 있게 되고 나아가 다른 프로그래밍 언어나 소프트웨어 도구를 익히는 과정도 그만큼 수월해진다.

함께해요!

전 세계의 수많은 사람들이 매일 프로세싱을 사용한다. 여러분도 프로세싱을 무료로 다운로드해 사용할 수 있다. 뿐만 아니라 프로세싱 코드를 여러분의 필요에 맞게 수정해서 사용할 수도 있다. 프로세싱은 FLOSS(free/libre/open source software), 즉 자유 오픈 소스 소프트웨어 프로젝트다. 사용자는 얼마든지 프로세싱의 소스 코드를 무료로 사용, 복제, 변경, 개선할 수 있다. 또한, 프로세싱은 커뮤니티를 중시하는 철학에 따라 사용자가 자신이 진행한 프로젝트 및 습득한 지식을 온라인의 프로세싱 홈페이지(processing.org)나 프로세싱과 관련된 다양한 소셜 네트워킹 사이트를 통해 자발적으로 공유하는 것을 권장하고 있다. 프로세싱 홈페이지를 방문하면 프로세싱 관련 소셜 네트워킹 사이트들을 확인할 수 있다.

2
코딩하기

이 책을 최대한 활용하려면 눈으로 읽는 것에 그치지 말고 손으로 직접 코드를 작성하고, 반복해서 실험하고, 그리고 익숙해질 때까지 연습해야 한다. 코딩은 눈으로 이해하는 것이 아니라 손으로 익혀야 한다. 이제 프로세싱을 다운로드해 스케치를 작성하며 코딩을 시작해 보도록 하자.

먼저 *http://processing.org/download*를 방문한다. 그리고 Mac, Windows, Linux 중에서 자신의 운영체제에 맞는 프로세싱을 선택해서 다운로드한다. 다운로드가 완료되면 다음 요령에 따라 프로세싱을 설치한다.

- 윈도우 사용자는 다운로드한 .zip 파일을 더블 클릭하고 안에 있는 폴더를 하드디스크로 끌어서 옮긴다. Program Files 폴더로 옮겨도 되고 바탕 화면으로 옮겨도 된다. 중요한 것은 다운로드한 .zip 파일에서 processing 폴더를 꺼내는 일이다. processing 폴더를 원하는 위치로 꺼냈다면 폴더 안에 있는 processing.exe를 더블 클릭해서 프로세싱을 시작한다.

- 맥 사용자는 다운로드한 .zip 파일을 더블 클릭하고 프로세싱 아이콘을 응용 프로그램 폴더로 끌어서 옮긴다. 만약 다른 사람의 맥을 사용하고 있어서 권한이 제한되어 응용 프로그램 폴더로 프로세싱을 옮길 수 없다면 대신 데스크톱으로 옮겨도 상관없다. 데스크톱에 옮긴 프로세싱 아이콘을 더블 클릭하면 프로세싱을 시작할 수 있다.
- 리눅스 사용자는 프로세싱 .tar.gz 파일을 홈 디렉터리에 다운로드한 다음 터미널 창을 열고 다음과 같이 입력한다.

```
tar xvfz processing-xxxx.tgz
```

(xxxx라고 표시된 부분은 다운로드한 파일과 동일한 버전의 숫자로 고쳐야 한다.) 이 명령을 실행하면 processing-3.0 또는 그와 유사한 폴더가 만들어진다. 그러면 그 디렉터리로 이동한다.

```
cd processing-xxxx
```

그리고 다음과 같이 실행한다.

```
./processing
```

설치하는 과정에서 별다른 문제가 생기지 않았다면 그림 2-1과 같이 프로세싱이 실행되고 프로세싱 창이 보일 것이다. 사람마다 컴퓨터 설정은 조금씩 다를 수 있다. 따라서 만약 프로세싱이 실행되지 않거나 진행 중 막히는 부분이 있다면 문제 해결 페이지[1]를 방문해서 해결책을 찾아보도록 한다.

---

1 *https://github.com/processing/processing/wiki/Troubleshooting*
(옮긴이) 프로세싱의 일부 기능은 한글을 지원하지 않을 수 있다. 따라서 프로세싱 폴더의 이름이나 경로에 한글이 포함되지 않도록 하는 편이 안전하다.

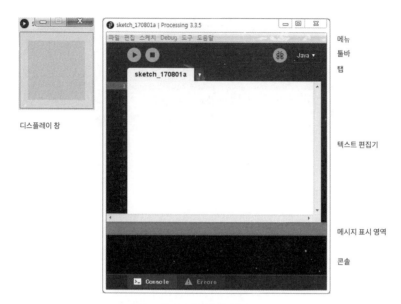

디스플레이 창

메뉴
툴바
탭

텍스트 편집기

메시지 표시 영역

콘솔

그림 2-1 프로세싱 개발 환경

첫 프로그램

프로세싱을 시작하면 PDE(Processing Development Environment), 즉 프로세싱 개발 환경이 열린다. 프로세싱 개발 환경의 인터페이스는 비교적 단순한 모습이다. 가운데 보이는 넓은 영역은 코드를 작성하는 텍스트 편집기고 그보다 위에는 세 개의 버튼이 있다. 버튼이 있는 곳을 툴바라고 부른다. 편집기 아래에는 메시지 표시 영역이 있고 그 아래에는 콘솔이 있다. 메시지 영역에는 다양한 정보를 알려주는 한 줄짜리 메시지가 표시되며 콘솔에는 자세한 기술적 정보가 출력된다.

예제 2-1: 타원 그리기

프로세싱을 실행하고 프로세싱의 텍스트 편집기에 아래와 같이 입력한다.

```
ellipse(50, 50, 80, 80);
```

이 코드는 '타원을 그린다. 타원의 중심은 창의 왼쪽에서 50픽셀, 창의 위쪽에서 50픽셀 떨어진 곳에 있다. 타원의 크기는 가로 80픽셀, 세로 80픽셀이다'라는 뜻이다. 코드를 작성했으면 프로세싱의 툴바에 있는 실행 버튼(삼각형이 그려진 버튼)을 클릭하고 결과를 확인한다.

코드를 제대로 기입했다면 화면에 원이 그려진 것을 볼 수 있을 것이다. 만약 코드를 입력하는 과정에서 실수가 있었다면 메시지 영역이 빨간색으로 바뀌고 에러 메시지가 출력될 것이다. 만약 에러가 발생한다면 입력한 코드와 책의 코드를 비교해 보며 잘못 옮긴 부분은 없는지 확인한다. 가령, 숫자들은 괄호 사이에 있어야 하고 숫자 사이에는 쉼표를 찍어야 한다. 또한 코드의 맨 마지막(오른쪽)에는 쌍반점(;)을 찍어야 한다.

처음 프로그래밍을 시작하는 초보자는 코드 하나하나를 한 치의 오류도 없이 작성해야 한다는 점에 상당한 부담을 느끼곤 한다. 유감스럽게도 프로세싱 소프트웨어는 사용자의 의도를 충분히 이해할 만큼 똑똑하지 않다. 그래서 구두점 하나가 맞지 않더라도 에러를 일으키곤 한다. 하지만 너무 걱정할 필요는 없다. 이런 문제는 코드 작성에 조금만 익숙해지면 크게 걱정할 문제가 아니기 때문이다.

이제 조금 더 재미있는 스케치를 보도록 하자.

예제 2-2: 여러 개의 원 그리기

앞의 예제에서 작성한 코드를 모두 지우고 이번에는 아래의 코드를 작성해 보자.

```
void setup() {
  size(480, 120);
}

void draw() {
  if (mousePressed) {
    fill(0);
  }else{
    fill(255);
  }
  ellipse(mouseX, mouseY, 80, 80);
}
```

지금 작성한 프로그램을 실행하면 가로 480픽셀, 세로 120픽셀의 창이 열린다. 그리고 마우스를 움직이면 마우스를 따라 흰 동그라미가 움직인다. 뿐만 아니라 마우스 버튼을 누르면 동그라미의 색깔이 검은색으로 바뀐다. 이 프로그램에 대해서는 앞으로 차근차근 설명할 것이다. 일단 지금은 스케치를 실행하고 마우스 커서를 움직여서 어떤 현상이 일어나는지 관찰하도록 하자. 한편, 스케치를 실행하면 '실행' 버튼의 배경이 흰색으로 바뀌고 삼각형 모양이 녹색으로 바뀔 것이다. 스케치 실행을 종료하려면 실행 버튼 오른쪽의 정지 버튼을 누른다.

전체화면 보기

버튼을 클릭하는 대신 단축키를 입력해서 스케치를 실행할 수도 있다. 스케치 메뉴를 열면 실행하기 명령의 단축키가 Ctrl-R(맥의 경우는 Cmd-R)이라는 것을 알 수 있다. 전체화면 보기 명령을 실행하면 프로세싱 디스플레이 창이 모니터의 전 영역에 걸쳐 전체화면으로 표시된다. 이 기능은 작품 전시회나 발표회를 할 때 유용하게 사용할 수 있다. 시프트(Shift) 키를 누른 상태로 실행 버튼을 눌러도 전체화면 보기 명령을 실행할 수 있다. 스케치 메뉴는 그림 2-2와 같다.

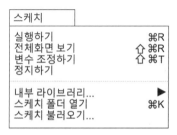

그림 2-2 프로세싱의 디스플레이 창은 실행하기 및 전체화면 보기 명령으로 열 수 있다. 전체화면 보기 명령은 프로세싱의 디스플레이 창을 모니터의 크기에 맞게 전체화면으로 표시하여 전시회나 발표회 때 유용하게 사용할 수 있다.

마우스로 변수의 값 조정하기

스케치를 작성하다 보면 숫자에 익숙하지 않아 도형의 속성(위치, 크기, 색깔 등)을 직관적으로 정하기 어려운 경우가 있다. 이런 때 스케치 메뉴의 변수 조정하기(Shift-Ctrl-T) 명령을 사용하면 다소나마 도움이 될 수 있다. 변수 조정하기 명령을 실행하려면 먼저 스케치를 저장한다. 그 다음 변수 조정하기를 실행하면 텍스트 편집기에서 작성한 숫자들에 밑줄이 생긴다. 밑줄이 있는 숫자를 마우스로 끌어서 좌우로 움직이면 숫자의 값이 바뀌고, 값의 변화는 디스플레이 창에 실시간으로 반영된다.

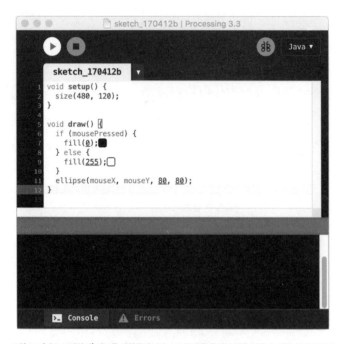

그림 2-3 '변수 조정하기' 메뉴를 실행하면 마우스로 숫자를 끌어서 값을 바꿀 수 있을 뿐만 아니라 그 결과를 실시간으로 확인할 수 있어서 좀 더 시각적으로 값을 조정할 수 있다.

저장하기 및 새 스케치 만들기

파일 메뉴를 열면 '저장' 명령이 있다. 스케치를 잘 저장하는 일은 스케치를 잘 작성하는 일만큼이나 중요하다. 프로세싱 스케치는 기본적으로 '스케치북'에 저장된다. 스케치북이란 사용자가 작성해서 저장한 프로그램(스케치)들을 모아두는 폴더를 지칭하는 프로세싱만의 독특한 용어다. 파일 메뉴에서 스케치북 명령을 클릭하면 스케치북 창이 열리고, 사용자의 스케치북에 있는 모든 스케치의 목록을 볼 수 있다.

스케치는 자주 저장하는 편이 좋다. 그리고 코드를 많이 바꾸거나 다양하게 실험한 스케치는 다른 이름으로 저장해서 버전 관리를 하도록 한다. 이런 습관을 길러야 문제가 생겼을 때 얼마든지 이전 버전으로 되돌아가서 다시 시작할 수 있다. 한편, 현재 작업 중인 스케치의 폴더를 열려면 스케치 메뉴에서 '스케치 폴더 열기'(Ctrl-K)를 클릭한다.

새로운 스케치를 만들려면 파일 메뉴에서 '새 스케치'를 클릭한다 (또는 Ctrl-N). 새 스케치는 별도의 새로운 창에 열리고 이전에 작업하던 스케치 창에는 아무런 영향도 주지 않으니 이전 스케치가 지워질까 염려하지 않아도 된다.

애플리케이션 만들기 및 공유하기

프로세싱 스케치를 애플리케이션으로 변환하면 프로세싱이 설치되지 않은 컴퓨터에서도 스케치의 기능을 실행할 수 있다. 또한 이렇게 만든 애플리케이션은 얼마든지 공유하거나 배포할 수 있다. 애플리케이션을 만들려면 파일 메뉴의 '애플리케이션으로 내보내기'를 클릭하여 옵션 창을 연다. 옵션 창에서 새로 만들 애플리케이션을 실행할 운영 체제(맥, 윈도우 또는 리눅스), 전체화면 보기 여부, 그리고 자바 포함 여부 등을 선택하여 '애플리케이션으로 내보내기' 버튼을 클릭하면 더블 클릭해서 실행할 수 있는 애플리케이션을 만들 수 있다.

> 애플리케이션 폴더는 '애플리케이션으로 내보내기' 명령을 실행할 때마다 삭제되었다가 다시 만들어진다. 따라서 이전에 만들어 둔 애플리케이션을 지우고 싶지 않다면 폴더를 다른 곳으로 옮기도록 한다.

예제와 레퍼런스

프로그래밍을 배울 때는 방대한 양의 코드를 탐구해야 한다. 즉, 원하는 프로그램이 나올 때까지 코드를 실행, 수정 그리고 개선하는 작업을 되풀이해야 한다. 프로세싱에는 다수의 예제가 포함되어 있다. 이 예제들은 프로세싱의 특징과 장점을 잘 보여줄 뿐만 아니라 보다 근사한 프로그램을 작성하는 기본 토대가 되기도 한다.

예제를 열어 보려면 파일 메뉴에서 '예제...'를 클릭해서 예제 창을 열고 원하는 예제의 이름을 찾아 더블 클릭한다. 예제들은 기능 및 주제 등에 따라 범주가 나뉜다. 가령, Basics(기본), Topics(주제), Demos(예시) 등으로 상위 범주가 구분되고 Basics 내에서는 다시 Form(형태), Motion(움직임), Image(이미지) 등으로 구분된다. 다양한 예제들을 실행해 보며 흥미로운 예제를 찾아서 코드를 한층 더 깊이 탐구해 보도록 하자.

> 🖉 이 책의 모든 예제는 온라인에서 다운로드할 수 있다. 이 책의 예제들을 다운로드하려면 파일 메뉴의 '예제...'를 클릭해서 예제 창을 열고, 예제 창의 위편에 있는 'Add Examples...' 버튼을 클릭해서 Contribution Manager 창을 연다. Contribution Manager 창이 열리면 Example 탭에서 'Getting Started with Processing, 2nd Edition'을 클릭하고 오른쪽 아래의 'Install' 버튼을 클릭해서 예제를 설치한다. 새로 설치한 예제들은 예제 창의 Contributed Examples 폴더 안에서 확인할 수 있다.

텍스트 편집기에 있는 코드를 보면 ellipse() 및 fill()과 같은 함수들의 색깔이 여타 텍스트의 색깔과 다른 것을 볼 수 있을 것이다. 만약 처음

보거나 익숙하지 않는 함수가 스케치에 있고, 그리고 그 함수의 색깔이 검은색이 아니라면, 함수를 마우스 오른쪽 버튼으로 클릭해서 빠른 메뉴를 열고 '레퍼런스에서 찾기'를 선택한다. 또는 함수를 더블 클릭해서 강조되게 한 다음 Shift-Ctrl-F를 눌러서 레퍼런스에서 찾기를 실행할 수도 있다. '레퍼런스에서 찾기'를 실행하면 브라우저가 열리고 해당 함수의 레퍼런스가 표시된다. 참고로, 도움말 메뉴의 레퍼런스를 클릭하면 프로세싱의 코드와 관련된 모든 레퍼런스를 한눈에 볼 수 있다.

프로세싱은 모든 코드 요소(함수, 자료형, 구두점, 중괄호 등)에 대한 관련 레퍼런스를 제공한다. 각 레퍼런스에는 요소에 대한 설명은 물론 예시들도 함께 정리되어 있다. 앞서 보았던, 프로세싱의 예제 폴더에 있는 코드들은 상대적으로 길고 복잡한 데 비해 레퍼런스가 제공하는 예시들은 보통 네다섯 줄의 코드로, 매우 간략할 뿐만 아니라 따라하기도 좋다. 레퍼런스는 이 책을 읽을 때는 물론 앞으로 프로그래밍을 할 때도 항상 열어두기 바란다. 그리고 틈날 때마다 주제별로 또는 알파벳순으로 레퍼런스를 읽고 연습하는 것도 좋다. 한편, 특정 레퍼런스를 찾을 때는 브라우저의 검색 기능(Ctrl-F)을 활용하면 편하다.

레퍼런스는 초급자를 대상으로 작성한 문서로, 가능한 한 명확하고 이해하기 좋게 정리하려고 했다. 레퍼런스는 오랜 시간 동안 많은 사람들의 자발적인 참여를 통해 다듬어졌다. 덕분에 수많은 오류를 제거할 수 있었고 핵심적인 예시들을 담을 수 있었다. 여러분도 좋은 의견이 있거나 오류를 발견하면 주저하지 말고 우리에게 알려주기 바란다.

3
그리기

처음 프로세싱으로 그림을 그릴 때는 마치 모눈종이 위에 칸을 따라 그림을 그리는 것과 비슷하다는 느낌을 받을 수 있다. 기술적인 절차를 따르며 많은 부분에 신경을 써서 조심스럽게 그려야 하기 때문이다. 하지만 여러분이 프로그래밍 개념을 익혀감에 따라 프로세싱은 단순한 도형들을 하나씩 조심스럽게 그리는 소프트웨어를 넘어 애니메이션과 인터랙션을 구현하는 도구로 그 개념이 확장될 것이다. 이러한 도약은 그리 멀리 있지 않지만, 지금은 처음부터 차근차근 시작해야 한다.

컴퓨터 화면은 픽셀이라고 하는 빛을 내는 소자로 이루어진다. 픽셀은 가로 및 세로로 줄을 맞춰 격자 모양으로 배치되어 있으며 좌표체계에 의해 위치가 정의된다. 프로세싱은 디스플레이 창 왼쪽으로부터의 거리를 x 좌표로 정의하고 위쪽으로부터의 거리를 y 좌표로 정의한다. 이에 따라 화면 위의 특정한 곳에 있는 픽셀의 좌표는 (x, y)로 표현할 수 있다. 만약 화면의 가로 및 세로 크기가 200×200 픽셀이라면 화면의 좌측상단 좌표는 (0, 0), 중앙의 좌표는 (100, 100), 그리고 우측하단의 좌표는 (199, 199)가 된다. 어쩌면 이 숫자들이 다소 이상해 보일 수도 있다. 왜 1부터 200까지라고 표시하지 않고 0부터 199까지라고 표시할까? 이는, 통상 코드에서는 0부터 숫자를 세기 시작하기 때문이다. 나중에 보게 되겠지만, 0부터 세는 편이 훨씬 계산하기 편하다.

디스플레이 창

함수(function)는 코드의 구성 요소로서 디스플레이 창의 크기를 정하거나 창 안에 그림을 그리는 등의 특정한 기능을 수행한다. 함수는 프로세싱 프로그램이라는 건축물을 만드는 데 필요한 기본적인 벽돌과 같다. 한편, 함수의 기능은 매개변수에 의해 세부적으로 정의된다. 가령, 대부분의 프로세싱 프로그램에는 size()라는 함수가 포함된다. 이 함수는 디스플레이 창의 크기를 설정하는 기능을 가졌으며 구체적인 크기는 매개변수로 정한다. 만약 창의 크기를 가로 세로 각 200픽셀씩의 크기로 정하고 싶다면 size(200, 200)과 같이 크기에 해당하는 매개변수를 전달하여 함수의 기능을 구체적으로 정의한다. 참고로, 프로세싱 프로그램에 size() 함수를 포함시키지 않으면 창의 크기는 가로 세로 각 100픽셀씩으로 설정된다.

예제 3-1: 디스플레이 창의 크기 정하기

디스플레이 창의 크기를 설정할 때는 size() 함수에 두 개의 매개변수를 지정한다. 첫 번째 매개변수는 창의 가로를 정하고 두 번째 매개변수는 창의 세로를 정한다. 만약 가로 800픽셀, 세로 600픽셀 크기의 창을 그리고 싶다면 다음과 같이 입력한다.

```
size(800, 600);
```

코드를 실행하고 결과를 확인하자. 또한 매개변수의 값을 바꾸고 어떤 변화가 일어나는지 관찰해보자. 아주 작은 값부터 모니터의 해상도보다 큰 값까지 다양한 실험을 해며 size() 함수의 기능을 익히도록 한다.

예제 3-2: 점 그리기

디스플레이 창에 점을 하나 찍을 때는 point() 함수를 사용한다. 이 함
수의 괄호 안에는 좌표를 설정하는 두 개의 매개변수를 써야 한다. 첫
번째 매개변수는 x 좌표를, 그리고 두 번째 매개변수는 y 좌표를 정한
다. 작은 창(480, 120)을 하나 그리고 창의 가운데(240, 60) 지점에 점
을 하나 찍으려면 다음과 같이 코드를 작성한다.

```
size(480, 120);
point(240, 60);
```

이제 디스플레이 창의 각 모서리에 점 4개를 추가해 보자. 그리고 점들
을 나열해서 수평선, 수직선 그리고 대각선을 그려보도록 하자. 이 과
정을 통해 디스플레이 창의 좌표체계에 익숙해지도록 한다.

기본적인 도형들

프로세싱에는 기본 도형(그림 3-1)을 그릴 수 있는 함수들이 내장되어
있다. 비록 프로세싱에는 직선이나 사각형 같이 매우 단순한 기본 도
형 함수만 내장되어 있지만, 여러 개의 도형을 충분히 조합하면 나뭇
잎이나 얼굴 같은 복잡한 그림도 얼마든지 그릴 수 있다.

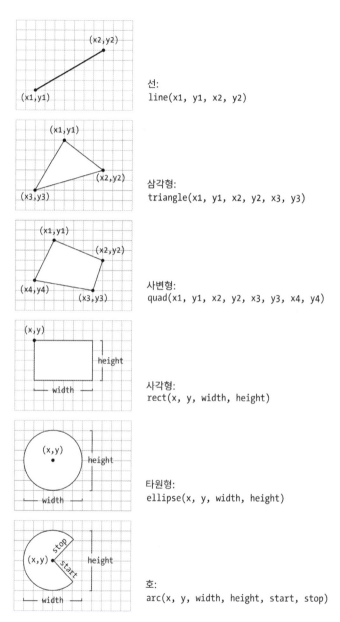

선:
line(x1, y1, x2, y2)

삼각형:
triangle(x1, y1, x2, y2, x3, y3)

사변형:
quad(x1, y1, x2, y2, x3, y3, x4, y4)

사각형:
rect(x, y, width, height)

타원형:
ellipse(x, y, width, height)

호:
arc(x, y, width, height, start, stop)

그림 3-1 프로세싱에 내장된 기본 도형과 매개변수들

선(line)은 두 점을 잇는 도형이다. 따라서 선 하나를 그리려면 네 개의 매개변수가 필요하다. 매개변수 두 개는 첫 번째 점의 좌표를 설정하고 나머지 두 개는 두 번째 점의 좌표를 설정한다.

예제 3-3: 선 그리기

좌표 (20, 50)과 좌표 (420, 110)을 잇는 선은 다음과 같이 그린다.

```
size(480, 120);
line(20, 50, 420, 110);
```

예제 3-4: 기본 도형들 그리기

직선을 그릴 때와 같은 요령으로, 삼각형(triangle)은 3개의 점을 잇는 도형이므로 6개의 매개변수를 사용하고, 사변형(quadrilateral)은 4개의 점을 잇는 도형이므로 8개의 매개변수를 사용한다.

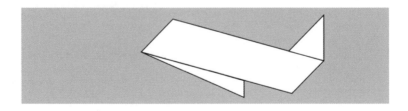

```
size(480, 120);
quad(158, 55, 199, 14, 392, 66, 351, 107);
triangle(347, 54, 392, 9, 392, 66);
triangle(158, 55, 290, 91, 290, 112);
```

예제 3-5: 사각형 그리기

프로세싱에서 도형을 그리는 방식은 크게 두 가지로 나뉜다. line(), triangle(), quad()와 같이 꼭짓점을 이어서 도형을 그리는 방식이 있고 rect(), ellipse(), arc()와 같이 도형의 기준점과 너비, 높이 등의 속성을 지정해서 그리는 방식이 있다. quad()는 4개의 꼭지점을 잇는 도형을 그린다. 덕분에 경우에 따라서는 quad()로 그린 사변형의 변들이 서로 교차할 수도 있다. 하지만 그에 비해 rect()는 내각(內角)이 모두 직각인 사각형(rectangle)을 그리므로 변들이 서로 교차하는 일은 없다.

사각형과 타원은 둘 다 4개의 매개변수로 정의한다. 첫 번째와 두 번째는 도형의 기준점인 x 및 y 좌표를 정의하고 세 번째는 도형의 가로 크기를, 네 번째는 도형의 세로 크기를 정의한다. 만약 어떤 사각형의 기준점이 좌표 (180, 60)이고 가로 크기는 220픽셀, 세로 크기는 40픽셀이라면 다음과 같이 rect() 함수로 그릴 수 있다.

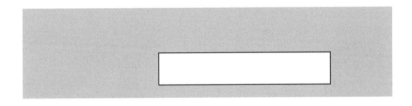

```
size(480, 120);
rect(180, 60, 220, 40);
```

예제 3-6: 타원형 그리기

사각형의 기준점인 x 및 y 좌표는 좌측상단 모서리의 좌표다. 그에 비해 타원의 기준점은 도형의 중심에 있다. 한편, 이 예제에서 그려지는 첫 번째 타원의 y 좌표는 디스플레이 창을 벗어나 있다. 도형들은 부분적으로, 또는 전체적으로 창의 밖에 그릴 수 있다. 물론 이때 에러는 발생하지 않는다.

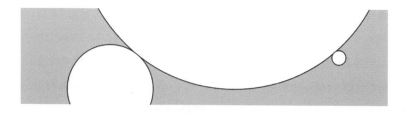

```
size(480, 120);
ellipse(278, -100, 400, 400);
ellipse(120, 100, 110, 110);
ellipse(412, 60, 18, 18);
```

프로세싱은 가로 세로 크기가 같은 정사각형(square)이나 원(circle)을
그리는 함수가 따로 있지 않다. 대신 ellipse()와 rect()의 가로 크기 및
세로 크기의 값을 똑같이 설정하면 정사각형과 원을 그릴 수 있다.

예제 3-7: 호 그리기

arc() 함수를 사용하면 원의 일부분만 그리는 호를 표현할 수 있다.

```
size(480, 120);
arc(90, 60, 80, 80, 0, HALF_PI);
arc(190, 60, 80, 80, 0, PI+HALF_PI);
arc(290, 60, 80, 80, PI, TWO_PI+HALF_PI);
arc(390, 60, 80, 80, QUARTER_PI, PI+QUARTER_PI);
```

첫 번째와 두 번째 매개변수는 호의 위치를 설정하고, 세 번째와 네 번
째 매개변수는 호의 가로 및 세로 크기를 설정한다. 한편, 다섯 번째
매개변수와 여섯 번째 매개변수는 각도의 값으로, 호가 그려지는 범위

를 정한다. 즉, 호는 다섯 번째 매개변수가 정하는 각도부터 여섯 번째 매개변수가 정하는 각도 사이에 그려진다. 프로세싱의 기본 각도 단위는 도(degree)가 아닌 라디안(radian)법 즉 호도법을 따른다. 라디안은 파이(3.14159)의 값을 각도의 척도로 삼는다. 이 예제에서도 볼 수 있듯이 네 개의 라디안값은 워낙 빈번하게 사용하므로 프로세싱에는 그 값을 지칭하는 별도의 이름이 내장되어 있다. 네 개의 값은 PI, QUARTER_PI, HALF_PI, 그리고 TWO_PI이며, 이는 각각 180°, 45°, 90° 그리고 360°에 해당하는 라디안값이다.

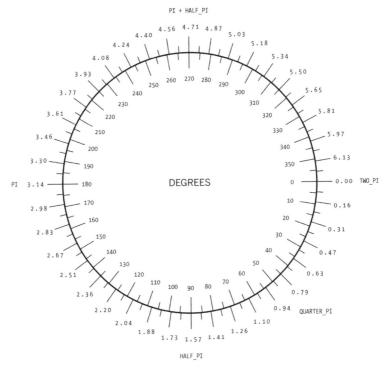

그림 3-2 각도의 값은 도(degree) 또는 라디안(radian) 척도로 표현하거나 측정할 수 있다. 도를 단위로 사용하면 원의 한 바퀴는 0부터 360도로 표현할 수 있지만, 라디안은 파이(pi)를 단위로 사용하므로 원의 한 바퀴는 0부터 약 6.28로 표현할 수 있다.

예제 3-8: 도 단위로 그리기

만약 각도를 표현할 때 도(degree) 단위를 더 선호한다면 먼저 도 단위로 각도를 계산한 다음 radians() 함수로 도 단위를 라디안 단위로 변환해서 사용한다. radians() 함수는 도 단위의 각돗값으로 전달한 매개변수를 라디안값으로 변환한다. 이번 예제는 앞 24쪽에 있는 예제 3-7의 그림과 같은 결과를 보여주지만 호를 표시하는 영역을 라디안 단위로 설정하는 대신 도 단위로 설정하고 그 값을 radians() 함수를 사용해서 라디안 단위로 변환한 것이다.

```
size(480, 120);
arc(90, 60, 80, 80, 0, radians(90));
arc(190, 60, 80, 80, 0, radians(270));
arc(290, 60, 80, 80, radians(180), radians(450));
arc(390, 60, 80, 80, radians(45), radians(225));
```

그리는 순서

프로그램을 실행하면 컴퓨터는 코드를 맨 윗줄부터 맨 마지막 줄까지 차례로 읽고 실행한다. 따라서 만약 삼각형을 그리는 코드 다음 줄에 사각형을 그리는 코드가 있다면 프로세싱은 삼각형을 먼저 그린 다음 사각형을 그린다. 이때 두 도형이 서로 겹치는 부분이 있다면 아랫줄의 도형이 윗줄의 도형 위에 그려진다.

예제 3-9: 그리는 순서 제어하기

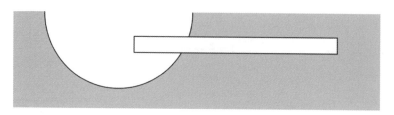

```
size(480, 120);
ellipse(140, 0, 190, 190);
// 사각형을 그리는 코드가 나중에 실행되므로
// 사각형이 원 위에 그려진다
rect(160, 30, 260, 20);
```

예제 3-10: 그리는 순서를 바꿔 보기

rect() 와 ellipse()가 실행되는 순서를 바꾸면 이번에는 사각형을 그린
다음에 원을 그리는 코드가 실행되므로 사각형 위에 원이 그려진다.

```
size(480, 120);
rect(160, 30, 260, 20);
// 원을 그리는 코드가 나중에 실행되므로
// 원이 사각형 위에 그려진다
ellipse(140, 0, 190, 190);
```

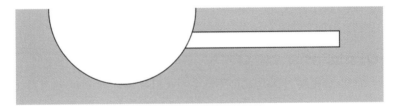

이는 우리가 붓으로 그림을 그리거나 사진 및 색종이를 오려 붙이는
콜라주 작업을 할 때와 같다. 마지막에 추가한 요소가 이전의 요소 위
에 나타난다.

도형의 속성

도형의 속성 중 가장 기본적이고 자주 다루는 속성은 (테두리) 선의 굵
기, 선 끝의 모양 그리고 도형의 모서리 모양이다.

예제 3-11: 선의 굵기 설정하기

선의 굵기는 기본적으로 1픽셀로 설정되어 있다. 만약 선의 굵기를 바

꾸고 싶다면 strokeWeight() 함수를 사용한다. strokeWeight() 함수는 하나의 매개변수를 받으며, 이 매개변수의 값으로 선의 굵기를 설정한다.

```
size(480, 120);
ellipse(75, 60, 90, 90);
strokeWeight(8);   // 선의 굵기를 8픽셀로 설정한다
ellipse(175, 60, 90, 90);
ellipse(279, 60, 90, 90);
strokeWeight(20); // 선의 굵기를 20픽셀로 설정한다
ellipse(389, 60, 90, 90);
```

예제 3-12: 선의 끝 모양 설정하기

선의 끝 모양은 기본적으로 둥글게 설정되어 있지만 선의 굵기가 1 픽셀인 경우에는 눈으로 확인하기 어렵다. 선의 굵기를 키운 다음 strokeCap() 함수를 적용하면 끝 모양이 바뀌는 모습을 볼 수 있다.

```
size(480, 120);
strokeWeight(24);
line(60, 25, 130, 95);
strokeCap(SQUARE);    // 사각형 끝 모양
line(160, 25, 230, 95);
strokeCap(PROJECT);  // 돌출형 끝 모양
line(260, 25, 330, 95);
strokeCap(ROUND);     // 둥근 끝 모양
line(360, 25, 430, 95);
```

예제 3-13: 모서리 모양 설정하기

strokeJoin() 함수를 사용하면 도형의 모서리 모양을 바꿀 수 있다. 모서리의 모양은 기본적으로 꺾인 모양이지만 빗각 모양이나 둥근 모양으로 설정할 수 있다.

```
size(480, 120);
strokeWeight(12);
rect(60, 25, 70, 70);
strokeJoin(ROUND);    // 둥근 모서리 모양
rect(160, 25, 70, 70);
strokeJoin(BEVEL);    // 빗각 모서리 모양
rect(260, 25, 70, 70);
strokeJoin(MITER);    // 꺾인 모서리 모양
rect(360, 25, 70, 70);
```

도형의 속성을 설정하는 함수는 바로 아래의 코드뿐만 아니라 그 아래의 모든 코드에도 영향을 준다. 가령, 27쪽의 예제 3-11을 보면 코드의 세 번째 줄에서 설정한 선의 굵기가 두 번째와 세 번째 원의 선 굵기에 모두 영향을 준다는 점을 알 수 있다. 즉, 도형의 속성은 한 번 설정하면 새로 설정을 바꿀 때까지 계속 유지된다.

도형의 기준점

이름이 'mode'로 끝나는 몇 개의 함수들은 도형의 기준점을 바꾸는 기능이 있다. 여기서 우리는 ellipseMode() 함수와 rectMode() 함수를 살펴볼 것이다. 이 함수들은 각각 원과 사각형의 기준점을 바꾸는 데 사

용한다. 이 외에 imageMode() 함수와 shapeMode() 함수도 있다. 이
함수들도 이미지 등의 기준점을 바꾸는 역할을 한다. 이에 대해서는
나중에 더 살펴보도록 한다.

예제 3-14: 원의 기준점 바꾸기

기본적으로 ellipse() 함수의 첫 번째와 두 번째 매개변수는 도형의 기
준점을 정하는 데 쓰이고 나머지 세 번째와 네 번째 매개변수는 원
의 가로 및 세로 크기를 정하는 데 사용한다. 원의 기준점은 원의 중
심에 있으므로 기준점의 x 좌표와 y 좌표는 중심점의 좌표이기도 하
다. 따라서 ellipse() 함수와 rect() 함수의 매개변수가 모두 같을 경우
일반적으로 사각형의 중심은 원의 우측하단으로 치우치게 된다. 하
지만 ellipseMode(CORNER) 함수로 원의 기준점을 원의 좌측상단으
로 설정하면 원과 사각형의 기준점은 서로 같아진다. 이번 예제에서는
ellipseMode(CORNER) 함수로 원의 기준점을 좌측상단으로 옮겼다.
덕분에 그 아래에서 mode 적용을 받은 rect()와 ellipse()는 도형의 중
심이 서로 같다.

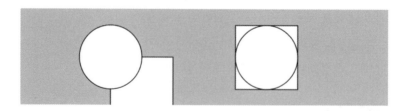

```
size(480, 120);
rect(120, 60, 80, 80);
ellipse(120, 60, 80, 80);
ellipseMode(CORNER);
rect(280, 20, 80, 80);
ellipse(280, 20, 80, 80);
```

이 책에서는 'mode' 관련 함수를 종종 활용할 것이다. 도형의 기준점과 관련해서는 프로세싱 레퍼런스 사이트를 참고하도록 한다.

색채

지금까지 우리가 그린 도형은 하나같이 검은 테두리에 흰색으로 채워진 모습이었고 디스플레이 창의 배경색은 항상 회색이었다. 이런 색깔들은 fill(), stroke() 그리고 backgound() 함수로 각각 바꿀 수 있다. 무채색의 경우 하나의 매개변수로 색깔을 설정하며 이때 값의 범위는 0부터 255까지다. 매개변수의 값이 0이면 검은색, 255는 흰색, 그리고 128은 중간 회색이다. 한편, 유채색을 표현하려면 세 개의 매개변수(빨강, 초록, 파랑)를 사용해야 한다. 그림 3-3은 다양한 색채를 표현하는 세 매개변수의 값을 보여준다.

예제 3-15: 무채색으로 채우기

이 예제는 서로 다른 밝기의 무채색 원 세 개가 검은색 배경 위에 그려진 모습을 보여준다.

```
size(480, 120);
background(0);              // 검정
fill(204);                 // 밝은 회색
ellipse(132, 82, 200, 200); // 밝은 회색의 원
fill(153);                 // 중간 회색
ellipse(228, -16, 200, 200); // 중간 회색의 원
fill(102);                 // 어두운 회색
ellipse(268, 118, 200, 200); // 어두운 회색의 원
```

R	G	B		R	G	B
255	204	0		0	102	204
249	201	4		5	105	205
243	199	9		11	108	206
238	197	13		17	112	207
232	194	18		22	115	208
226	192	22		28	119	209
221	190	27		34	122	210
215	188	31		39	125	211
209	185	36		45	129	213
204	183	40		51	132	214
198	181	45		56	136	215
192	179	49		62	139	216
187	176	54		68	142	217
181	174	58		73	146	218
175	172	63		79	149	219
170	170	68		85	153	221
164	167	72		90	156	222
158	165	77		96	159	223
153	163	81		102	163	224
147	160	86		107	166	225
141	158	90		113	170	226
136	156	95		119	173	227
130	154	99		124	176	228
124	151	104		130	180	230
119	149	108		136	183	231
113	147	113		141	187	232
107	145	117		147	190	233
102	142	122		153	193	234
96	140	126		158	197	235
90	138	131		164	200	236
85	136	136		170	204	238
79	133	140		175	207	239
73	131	145		181	210	240
68	129	149		187	214	241
62	126	154		192	217	242
56	124	158		198	221	243
51	122	163		204	224	244
45	120	167		209	227	245
39	117	172		215	231	247
34	115	176		221	234	248
28	113	181		226	238	249
22	111	185		232	241	250
17	108	190		238	244	251
11	106	194		243	248	252
5	104	199		249	251	253
0	102	204		255	255	255

그림 3-3 유채색은 RGB(Red, Green, Blue) 값을 각각 정의해서 표현한다.

예제 3-16: 채우기 및 테두리선의 색깔

noStroke() 함수를 사용하면 도형의 테두리선을 없앨 수 있고 noFill() 함수를 사용하면 도형을 채우는 색깔을 없앨 수 있다.

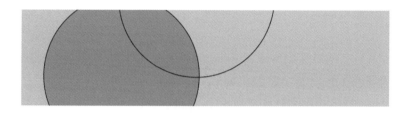

```
size(480, 120);
fill(153);                      // 중간 회색
ellipse(132, 82, 200, 200);     // 회색 원
noFill();                       // 채우기를 없앰
ellipse(228, -16, 200, 200);    // 태두리만 남은 원
noStroke();                     // 테두리를 없앰
ellipse(268, 118, 200, 200);    // 원이 나타나지 않음
```

앞의 코드와 같이 채우기와 테두리선을 모두 없애면 화면에 그려지는 부분이 보이지 않으므로 주의해야 한다.

예제 3-17: 유채색으로 채우기

유채색을 표현하려면 색채를 구성하는 빨강, 초록, 그리고 파랑 성분에 해당하는 세 개의 매개변수를 각각 설정해야 한다. 다음 코드를 실행하고 어떤 색깔이 표현되는지 살펴보도록 하자.

```
size(480, 120);
noStroke();
background(0, 26, 51);        // 짙은 파란색
fill(255, 0, 0);             // 빨간색
ellipse(132, 82, 200, 200);   // 빨간 원
fill(0, 255, 0);             // 초록색
ellipse(228, -16, 200, 200);  // 초록 원
fill(0, 0, 255);             // 파란색
ellipse(268, 118, 200, 200);  // 파란 원
```

컴퓨터가 화면에 색채를 표시하는 이와 같은 방식의 색 표현을 RGB 색채라고 한다. RGB는 빨강(Red), 초록(Green) 그리고 파랑(Blue) 요소로 이루어지며 각각의 색 요소는 0부터 255까지의 값으로 설정한다. 색 요소가 하나밖에 없을 때는 회색이 표현된다. 숫자로 RGB 색채를 표현하는 일은 그다지 직관적이지 않다. 이를 보완하기 위해 프로세싱은 색채를 보고 숫자로 값을 확인할 수 있는 색상 선택 도구를 내장하고 있다. 도구 메뉴에서 '색상 선택'을 클릭하면 익숙한 모습의 색상 선택 창이 열린다(그림 3-4). 마우스를 클릭해서 색을 선택하면 해당 색

그림 3-4 프로세싱에 내장되어 있는 색상 선택 도구

의 R, G, B의 값이 각각 숫자로 표시된다. 이 값을 background(), fill() 또는 stroke()의 매개변수로 사용하면 보다 직관적으로 원하는 색을 설정할 수 있다.

예제 3-18: 투명도 설정하기

색채를 설정하는 fill() 함수나 stroke() 함수 등에 네 번째 매개변수를 추가하면 유채색의 투명도를 설정할 수 있다. 네 번째 매개변수는 흔히 말하는 알파값에 해당하는 값이며 다른 색 요소들과 마찬가지로 0부터 255까지의 값을 넣을 수 있다. 0을 넣으면 색이 완전히 투명해져서 화면에 나타나지 않는다. 그에 비해 255를 넣으면 완전히 불투명해져서 뒤에 있는 도형이나 이미지가 보이지 않는다. 0과 255까지의 값을 적절하게 넣으면 겹쳐진 도형들의 혼색을 만들 수 있다.

```
size(480, 120);
noStroke();
background(204, 226, 225);    // 밝은 파란색
fill(255, 0, 0, 160);          // 빨간색
ellipse(132, 82, 200, 200);    // 빨간 원
fill(0, 255, 0, 160);          // 초록색
ellipse(228, -16, 200, 200);   // 초록 원
fill(0, 0, 255, 160);          // 파란색
ellipse(268, 118, 200, 200);   // 파란 원
```

사용자 정의 도형

여러분은 프로세싱이 기본적으로 제공하는 기본 도형 외에 다른 도형

도 얼마든지 만들어서 사용할 수 있다. 사용자 정의 도형을 만드는 가장 기본적인 방법은 일련의 점을 연결하는 것이다.

예제 3-19: 화살표 모양 그리기

점들을 연결해서 사용자 정의 도형을 만들 때는 먼저 beginShape() 함수를 호출한다. 이 함수는 새로운 도형을 그리기 시작한다는 의미를 컴퓨터에게 전달한다. vertex() 함수는 도형을 이루는 각 점의 x 및 y 좌표를 정의한다. 점들을 다 그렸다면 마지막에 endShape() 함수를 호출해서 도형 그리기를 마친다는 의미를 컴퓨터에게 전달한다.

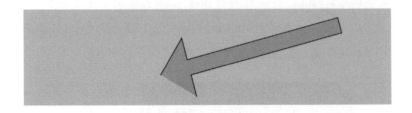

```
size(480, 120);
beginShape();
fill(153, 176, 180);
vertex(180, 82);
vertex(207, 36);
vertex(214, 63);
vertex(407, 11);
vertex(412, 30);
vertex(219, 82);
vertex(226, 109);
endShape();
```

예제 3-20: 첫 번째 점과 마지막 점 연결하기

예제 3-19를 자세히 보면 도형의 첫 번째 점과 마지막 점을 연결하는 선이 없다는 것을 알 수 있을 것이다. 이 두 점을 선으로 연결하려면 다음 코드와 같이 CLOSE를 endShape()의 매개변수로 전달한다.

```
size(480, 120);
beginShape();
fill(153, 176, 180);
vertex(180, 82);
vertex(207, 36);
vertex(214, 63);
vertex(407, 11);
vertex(412, 30);
vertex(219, 82);
vertex(226, 109);
endShape(CLOSE);
```

예제 3-21: 동물 모양 그리기

vertex() 함수들을 나열해서 화살표 모양을 그릴 수 있다는 의미는 좀 더 복잡한 도형도 얼마든지 그릴 수 있다는 의미가 된다. 프로세싱은 여러분이 상상하는 환상적인 도형에 아무리 많은 점이 있다고 해도 단 번에 그려서 화면에 표시할 수 있다. 이번에는 다소 평범하지만 화살 표 모양보다는 조금 복잡한 도형을 그려보도록 하자.

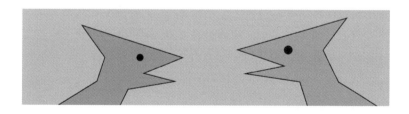

```
size(480, 120);

// 왼쪽의 동물
fill(153, 176, 180);
beginShape();
```

```
vertex(50, 120);
vertex(100, 90);
vertex(110, 60);
vertex(80, 20);
vertex(210, 60);
vertex(160, 80);
vertex(200, 90);
vertex(140, 100);
vertex(130, 120);
endShape();
fill(0);
ellipse(155, 60, 8, 8);

// 오른쪽의 동물
fill(176, 186, 163);
beginShape();
vertex(370, 120);
vertex(360, 90);
vertex(290, 80);
vertex(340, 70);
vertex(280, 50);
vertex(420, 10);
vertex(390, 50);
vertex(410, 90);
vertex(460, 120);
endShape();
fill(0);
ellipse(345, 50, 10, 10);
```

주석

이 장의 예제들을 보면 간혹 코드의 오른쪽 끝에 이중 슬래시(//)를 기입하고 간략한 설명을 기록한 모습을 볼 수 있을 것이다. 이중 슬래시는 주석을 표시하는 기호다. 주석이란 프로그램의 한 부분이지만 프로그램이 실행될 때는 무시되는 부분이다. 주석은 다양한 용도로 요긴하게 사용할 수 있다. 가령, 프로그램의 각 부분에 코드에 대한 설명을 적어 두면 언젠가 다시 코드를 봤을 때 쉽게 기억을 환기할 수 있다. 뿐만 아니라 다른 사람에게 여러분의 코드를 건네야 하는 상황이라면 여러분의 생각이 전개되는 과정을 주석으로 잘 정리해야 코드를 건네받은 사람이 보다 수월하게 코드를 이해할 수 있다.

주석은 코드를 실험할 때도 매우 유용하게 활용할 수 있다. 가령, 마음에 드는 색깔을 찾기 위해 fill() 함수의 매개변숫값을 이렇게 저렇게 바꾸는 상황을 상상해 보자. 아래와 같이 코드를 작성하고 실행하면 빨간색 계열의 동그라미가 나타난다.

```
size(200, 200);
fill(165, 57, 57);
ellipse(100, 100, 80, 80);
```

이때, 지금의 색깔이 썩 만족스럽지 않아서 다른 색을 실험해 보고 싶지만, 그렇다고 지금의 색깔을 없애버리기에는 아까운 경우도 있다. 이런 상황에서는 지금의 fill() 함수를 '주석 처리'하고 새로운 fill() 함수로 새로운 색을 실험할 수 있다.

```
size(200, 200);
//fill(165, 57, 57);
fill(144, 39, 39);
ellipse(100, 100, 80, 80);
```

이중 슬래시(//)를 표시하면 그 행의 오른쪽 부분은 주석으로 처리되어서 컴퓨터가 실행하지 않는다. 다시 이전의 색을 확인하고 싶으면 주석 처리하는 부분을 바꾼다.

```
size(200, 200);
fill(165, 57, 57);
//fill(144, 39, 39);
ellipse(100, 100, 80, 80);
```

프로세싱으로 스케치를 만들다 보면 여러 실험적인 가능성이 보이는 갈림길을 많이 만나게 된다. 주석으로 코드에 설명을 달고, 다른 갈림길의 코드를 실험하는 습관을 들이면 원하는 풍부한 결과에 훨씬 수월하게 도달할 수 있을 것이다.

로봇 1: 그리기

그림에 보이는 것은 프로세싱 로봇인 P5다. 이 로봇은 이 책을 통틀어서 모두 10번 등장한다. 장이 바뀔 때마다 그 장에서 익힌 새로운 프로그램 개념이 로봇을 그리거나 움직이는 데 반영된다. 즉, 우리는 앞으로 매번 새로운 프로그래밍 개념을 반영하여 로봇을 구현할 것이다. P5의 디자인은 과거 소련의 인공위성이었던 스푸트니크 I(1957)[1], 스

1   https://en.wikipedia.org/wiki/Sputnik_1

텐포드 연구소에서 만든 로봇 셰이키(1966-1972)[2], 데이빗 린치의 영화 《듄》(1984)에 나오는 전투 드론, 그리고 영화 《2001: 스페이스 오디세이》(1968)에 등장하는 인공지능 컴퓨터 HAL 9000[3] 등에서 영감을 받았다.

첫 로봇 프로그램은 이 장에서 다룬 그리기 함수들로 이루어진다. fill() 및 stroke() 함수와 매개변수로 도형에 회색을 입히고 line(), ellipse() 그리고 rect() 함수로 로봇의 목, 안테나, 몸통, 그리고 몸의 형상을 표현한다. 이 로봇을 그리는 이유는 도형을 표현하는 함수들에 보다 빨리 익숙해지기 위해서다. 프로그램을 실행하고 값을 바꿔가며 로봇을 다양하게 변형시켜 보기 바란다.

```
size(720, 480);
strokeWeight(2);
background(0, 153, 204);   // 파란 배경
ellipseMode(RADIUS);

// 목
stroke(255);               // 테두리를 흰색으로 설정
line(266, 257, 266, 162);  // 왼쪽
line(276, 257, 276, 162);  // 가운데
line(286, 257, 286, 162);  // 오른쪽

// 안테나
line(276, 155, 246, 112);  // 짧은 선
line(276, 155, 306, 56);   // 긴 선
line(276, 155, 342, 170);  // 중간 선

// 몸통
noStroke();                // 테두리 없앰
fill(255, 204, 0);         // 주황색으로 채우기
ellipse(264, 377, 33, 33); // 반중력 구체
fill(0);                   // 검은색으로 채우기
rect(219, 257, 90, 120);   // 몸의 본체
fill(255, 204, 0);         // 노란색으로 채우기
rect(219, 274, 90, 6);     // 노란 띠
```

2 https://en.wikipedia.org/wiki/Shakey_the_robot
3 https://en.wikipedia.org/wiki/HAL_9000

```
// 머리
fill(0);                      // 검은색으로 채우기
ellipse(276, 155, 45, 45);    // 머리
fill(255);                    // 흰색으로 채우기
ellipse(288, 150, 14, 14);    // 큰 눈
fill(0);                      // 검은색으로 채우기
ellipse(288, 150, 3, 3);      // 눈동자
fill(153, 204, 255);          // 밝은 파란색으로 채우기
ellipse(263, 148, 5, 5);      // 작은 눈 1
ellipse(296, 130, 4, 4);      // 작은 눈 2
ellipse(305, 162, 3, 3);      // 작은 눈 3
```

4

변수

변수는 프로그래머가 원하는 값을 컴퓨터의 메모리에 저장해서 언제든지 필요한 곳에서 사용할 수 있게 해준다. 또한 변수는 하나의 프로그램 안에서 몇 번이든지 재사용할 수 있다. 뿐만 아니라 변수의 값은 프로그램이 실행되는 동안 쉽게 바꿀 수도 있다.

변수에 대하여

코드를 작성하다 보면 같은 숫자를 반복해서 기입하거나 수정하는 상황을 늘 마주치게 된다. 변수를 사용하면 이러한 작업을 일괄적으로 처리할 수 있어서 큰 수고를 덜 수 있다. 그러니 만약 같은 숫자를 두 번 이상 기입하고 있다면 망설이지 말고 변수를 사용하도록 하자. 처음에는 번거롭다고 느낄 수도 있지만, 변수를 사용하는 편이 코드를 작성할 때나 수정할 때 훨씬 편하다는 것을 곧 깨닫게 될 것이다.

예제 4-1: 변수 재사용하기

가령, 세 개의 원을 그리는 이번 예제의 경우, 도형의 y 좌표 및 지름의 값을 변수에 저장해 두면 원의 매개변수에 같은 숫자를 여러 번 기입

하는 대신 변수를 기입하는 식으로 동일한 크기의 원을 같은 y좌표에
여러 개 그릴 수 있다.

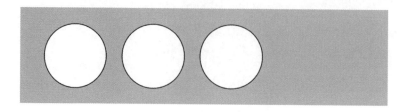

```
size(480, 120);
int y = 60;
int d = 80;
ellipse(75, y, d, d);   // 왼쪽
ellipse(175, y, d, d);  // 중간
ellipse(275, y, d, d);  // 오른쪽
```

예제 4-2: 변수의 값 바꾸기

변수를 사용하면 코드에서 단지 y의 값과 d의 값을 바꾸는 것만으로도
원 세 개의 위치와 크기를 모두 바꿀 수 있다.

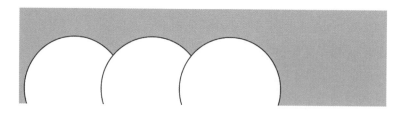

```
size(480, 120);
int y = 100;
int d = 130;
ellipse(75, y, d, d);   // 왼쪽
ellipse(175, y, d, d);  // 중간
ellipse(275, y, d, d);  // 오른쪽
```

이번 예제의 경우, 만약 변수를 사용하지 않았다면 원 세 개의 y 좌표
는 세 번, 지름은 여섯 번이나 고쳐야 했을 것이다. 43쪽의 예제 4-1을

예제 4-2와 비교해 보면 코드의 맨 아래에 있는 세 줄은 서로 같고 단지 변수의 값을 정하는 두 줄만 다르다는 점을 알 수 있을 것이다. 변수는 고쳐야 하는 코드와 고치지 않아도 되는 코드를 분리해서 관리할 수 있게 해주며, 덕분에 프로그램을 훨씬 쉽게 수정할 수 있게 해준다. 가령, 도형의 색과 모양을 제어하는 변수들을 코드의 한곳에 모아둔다면 나중에 그 부분만 수정해도 코드 전체가 다른 색과 모양을 구현하게 만들 수도 있다.

사용자 변수 만들기

프로세싱 사용자는 필요한 변수를 직접 만들어서 사용할 수 있다. 변수를 만들려면 변수명(name), 자료형(data type) 그리고 값(value)을 정해야 한다. 변수명은 변수를 지칭하는 이름이다. 변수명을 정할 때는 이름만 보고도 변수에 어떤 값을 저장하는지 쉽게 알아볼 수 있도록 짓는 것이 좋다. 또한 다른 변수명과의 일관성을 유지하는 편이 좋고 너무 장황해지지 않도록 주의해야 한다. 가령, 원의 반지름값을 저장할 변수명은 'r' 대신 'radius'라고 짓는 편이 더 좋다.

변수에 저장할 수 있는 값의 유형과 범위는 자료형에 의해 결정된다. 가령, 정수 자료형 변수에는 소수점이 없는 정수 또는 범자연수만 저장할 수 있다. 코드에서는 정수(integer) 자료형을 int로 표기한다. 프로세싱에서는 다양한 자료형을 사용할 수 있다. 정수, 부동소수점수(소수점이 있는 실수), 하나의 글자, 여러 개의 글자, 이미지, 글꼴 등은 물론 그 외의 자료형도 지원한다.

변수를 만들 때는 선언(declare)하는 과정을 거쳐야 한다. 변수를 선언한다는 것은 컴퓨터의 메모리에 정보를 저장할 수 있는 공간을 확보한다는 의미다. 변수를 선언할 때는 자료형(가령, int)도 특정해야 한다. 자료형에 따라 변수에 저장할 수 있는 값과 저장할 수 없는 값이 달라지므로 신중하게 정하도록 한다. 자료형과 변수명을 선언한 다음에는 변수에 값을 저장할 수 있다. 변수에 값을 할당한다는 표현은 변수에 값을 저장한다는 의미와 흔히 같이 쓰이곤 한다.

```
int x;   // int 자료형의 변수 x를 선언한다
x = 12;  // x에 값을 할당한다
```

변수 선언과 할당은 다음과 같이 한 줄로 처리할 수도 있다.

```
int x = 12;  // int 자료형의 변수 x를 선언하고 값을 할당한다
```

자료형의 이름(가령, int)을 정하는 표현은 변수를 선언하는 코드와 같은 행에 있다. 여기서 주의할 점이 있다. 자료형을 변수명 앞에 표기하는 것은 변수를 처음 선언할 때 한 번뿐이어야 한다. 변수명에 자료형을 표기하면 컴퓨터는 사용자가 새로운 변수를 선언한다고 간주한다. 이 경우, 프로그램의 같은 지역(프로그램의 지역에 대해서는 부록 D를 참고한다) 내에서는 동일한 이름의 변수를 선언할 수 없으므로 에러가 발생할 수 있다.

```
int x;       // int 자료형의 변수 x를 선언한다
int x = 12;  // 에러! 같은 지역 내에서는 같은 이름의 변수를 만들 수 없다
```

자료형에 따라 변수에 저장할 수 있는 데이터의 종류도 달라진다. 가령, int 변수에는 정수를 저장할 수 있다. 하지만 float 자료형, 즉 소수점이 있는 실수 데이터는 int 변수에 저장할 수 없다. 'float'라는 말은 부동소수점이라는 의미이며 이는 소수점이 있는 수를 메모리에 저장하는 기법에서 유래한 표현이다(이 기법에 대한 설명은 책의 범위를 벗어나므로 따로 다루지 않도록 한다).

부동소수점수를 int로 바꾸면 정보(소수점 이하의 수)를 잃게 되므로

int 자료형 변수에 저장할 수 없다. 즉, 컴퓨터는 12.2라는 float 자료형
의 값이 12라는 int 자료형의 값과 다르다고 판단한다. 따라서 코드에서
float 자료형의 값을 int 자료형 변수에 할당하면 에러가 발생한다.

```
int x = 12.2;  // 에러! 부동소수점 수는 int 자료형 변수에 할당할 수 없다
```

한편, 정수형 데이터는 float 자료형 변수에 저장할 수 있다. 가령, 12라
는 값을 부동소수점으로 변환하면 12.0이 되는데 이때는 정보 손실이
발생하지 않는다. 따라서 float 자료형 변수에는 정수를 할당해도 에러
가 발생하지 않는다.

```
float x = 12; // float 자료형 변수에 12를 할당하면 자동으로 12.0으로 바뀐다
```

자료형에 대해서는 부록 B에서 보다 자세하게 설명하고 있으니 참고
하기 바란다.

프로세싱에 내장된 변수들

프로세싱은 프로그램이 실행되는 동안 몇 개의 특수한 변수에 프로그
램의 상태를 자동으로 저장한다. 이러한 변수를 프로세싱에 내장된
변수라고 한다. 가령, 디스플레이 창의 가로 및 세로 크기는 width 및
height라는 특수한 변수에 저장된다. 이 변수의 값은 size() 함수 덕분
에 설정된다. width와 height 변수를 활용하면 디스플레이 창의 크기
가 바뀌더라도 그에 대응하여 시각적 요소들이 재 배치되도록 프로그
램을 작성할 수 있다.

예제 4-3: 가변적인 창의 크기에 대응하기

이 예제를 실행하면 그림과 같은 결과가 나타난다. size() 함수의 매개

변수를 다른 값으로 바꿔서 창의 크기를 변경하고 어떤 결과가 나오는지 비교해 보도록 하자.

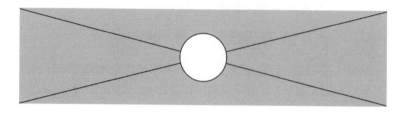

```
size(480, 120);
line(0, 0, width, height); // (0,0)부터 (480, 120)까지 이어지는 선
line(width, 0, 0, height); // (480, 0)부터 (0, 120)까지 이어지는 선
ellipse(width/2, height/2, 60, 60);
```

프로세싱에는 width와 height 변수 외에도 마우스 및 키보드의 조작 상태나 프로그램의 다양한 상태를 추적하는 변수들이 내장되어 있다. 이에 대해서는 5장에서 살펴보도록 한다.

약간의 계산

사람들은 종종 수학과 프로그래밍이 같은 것이라고 생각한다. 물론, 수학에 대한 지식이 필요한 코딩도 있기는 하다. 하지만 대부분의 프로그램은 기본적인 산수만 이해하고 있어도 충분히 작성할 수 있다.

예제 4-4: 기본적인 계산 문제

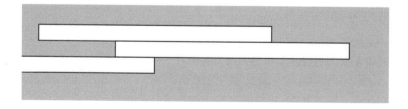

```
size(480, 120);
int x = 25;
int h = 20;
int y = 25;
rect(x, y, 300, h);          // 위의 사각형
x = x + 100;
rect(x, y + h, 300, h);      // 중간의 사각형
x = x - 250;
rect(x, y + h*2, 300, h);    // 아래의 사각형
```

코드에서는 +, -, 그리고 *와 같은 기호들을 연산자(operators)라고 부른다. 그리고 연산자를 두 값들 사이에 표시한 것을 수식(expression)이라고 한다. 가령, 5+9 라는 표현이나 1024-512 라는 표현은 모두 수식이다. 계산에 자주 사용하는 기본적인 연산자는 다음과 같다.

+	덧셈
-	뺄셈
*	곱셈
/	나눗셈
=	할당

프로세싱에는 어떤 연산자를 다른 연산자보다 먼저 실행할지를 정한 규칙이 있다. 즉, 어떤 수식에 여러 개의 연산자들이 포함되어 있을 때 가장 먼저 실행할 연산자, 두 번째로 실행할 연산자, 세 번째로 실행할 연산자 등을 정한 규칙이 있다. 이러한 규칙은 코드가 실행되는 순서에도 영향을 미친다. 연산자의 실행 순서를 조금만 알고 있다면 다음 코드를 실행한 결과를 쉽게 예측할 수 있을 것이다.

```
int x = 4 + 4 * 5; // x에 24를 할당한다
```

곱셈 연산자의 우선순위는 덧셈 및 할당 연산자보다 높다. 따라서 4*5 라는 수식이 가장 먼저 실행된다. 4*5가 실행된 뒤에는 덧셈 연산자가 실행되어 4를 더하므로 결국 24가 된다. 할당 연산자(=)는 가장 우선

순위가 낮다. 따라서 가장 마지막에 24를 x 변수에 할당한다. 괄호를 사용하면 우선순위를 보다 쉽게 파악할 수 있다. 물론 결과는 같다.

```
int x = 4 + (4 * 5); // x에 24를 할당한다
```

괄호 연산자의 우선순위는 곱셈 연산자보다 높다. 따라서 괄호의 위치를 바꾸면 순위가 낮은 덧셈 연산이 곱셈 연산보다 먼저 일어나도록 우선순위를 조정할 수도 있다.

```
int x = (4 + 4) * 5; // x에 40을 할당한다
```

영미권에서는 연산자의 우선순위를 종종 PEMDAS라는 표현으로 나타내기도 한다. PEMDAS는 괄호(Parentheses), 지수(Exponents), 곱셈(Multiplication), 나눗셈(Division), 덧셈(Addition), 뺄셈(Subtraction)의 앞 글자를 따온 표현이다. 연산의 우선순위는 순서대로 괄호가 가장 높으며 뺄셈의 우선순위가 가장 낮다. 이외 연산자들의 우선순위는 부록 C에 상세하게 정리되어 있다.

어떤 수식은 프로그래밍에서 매우 빈번하게 사용하기 때문에 타자하는 수를 줄일 수 있도록 단축 표현식을 사용하기도 한다. 가령, 어떤 변수에 값을 더하거나 빼는 수식은 다음과 같이 하나의 연산자를 만들어서 표현할 수 있다.

```
x += 10; // 이는 x = x + 10과 같은 표현이다
y -= 15; // 이는 y = y - 15와 같은 표현이다
```

한편, 변수에 1을 더하거나 빼는 연산도 매우 빈번하게 사용한다. 덕분에 그러한 수식을 표현하는 단축 연산자도 정의되어 있다.

```
x++; // 이는 x = x + 1과 같은 표현이다
y--; // 이는 y = y - 1과 같은 표현이다
```

연산자의 단축 표현에 대한 보다 자세한 내용은 프로세싱 레퍼런스를 참고하도록 한다.

for 반복문

프로그램을 작성하다 보면 거의 비슷한 코드가 몇 줄씩 반복되며 패턴이 생기는 경우가 있다. 이때는 for 반복문을 사용하면 편하다. for 반복문이라고 부르는 코드 구조는 비슷하게 반복되는 코드를 블록 안에 넣고 여러 번 반복해서 실행하도록 만들 수 있다. 덕분에 반복되는 코드를 중복해서 표현할 필요가 없으므로 스케치를 훨씬 효율적으로 작성할 수 있을 뿐만 아니라 코드의 유지 관리도 보다 쉽게 할 수 있다.

예제 4-5: 같은 패턴으로 반복되는 코드

이 예제의 line() 함수는 일정한 패턴으로 반복되고 있다. 이런 패턴의 코드는 for 반복문으로 단순화할 수 있다.

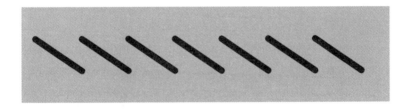

```
size(480, 120);
strokeWeight(8);
line(20, 40, 80, 80);
line(80, 40, 140,80);
line(140, 40, 200, 80);
line(200, 40, 260, 80);
line(260, 40, 320, 80);
line(320, 40, 380, 80);
line(380, 40, 440, 80);
```

예제 4-6: for 반복문 사용하기

앞의 예제는 for 반복문으로 다음과 같이 고쳐 쓸 수 있다.

```
size(480, 120);
strokeWeight(8);
for (int i = 20; i < 400; i += 60) {
  line(i, 40, i + 60, 80);
}
```

for 반복문은 지금까지 작성했던 코드와 여러 면에서 다르다. { 와 } 문자로 나타내는 중괄호를 주목하자. 이 중괄호 사이에 작성한 코드를 '블록(block)'이라고 부른다. for 반복문은 중괄호 안의 코드를 몇 번이라도 반복해서 실행할 수 있다.

괄호 안에는 세 개의 구문이 있다. 각 구문은 쌍반점으로 서로 구분된다. 이 구문들은 블록 안의 코드를 몇 번 반복할지를 결정하는 역할을 한다. 각 구문을 부르는 명칭이 있다. 왼쪽부터 차례로 초기화(init), 검사(test), 갱신(update)이라고 한다.

```
for (초기화; 검사; 갱신) {
  반복할 코드 블록
}
```

초기화 단계에서는 시작하는 값을 정한다. 보통 이곳에는 for 반복문 내에서 사용할 새로운 변수를 선언하고 그 변수의 초깃값을 설정하는 코드를 작성한다. 앞의 예제에서는 정수형 변수 i를 선언하고 20을 할당했다. i라는 변수명은 for 반복문에서 흔히 사용하는 이름이다. 그렇다고 특별한 의미가 있는 것은 아니고 단지 정수(integer)의 앞 글자를 따온 표현일 뿐이다. 검사 단계에서는 i 변수의 값을 검사한다(예제의 경우 i의 값이 여전히 400보다 작은지 검사한다). 그리고 갱신 단계에서는 변수 i의 값을 바꾼다(예제에서는 60을 더한다). 그림 4-1은 초기화, 검사 그리고 갱신 단계가 어떤 과정으로 실행되고 또한 어떻게 for

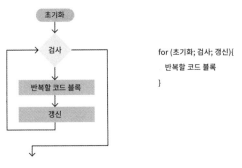

```
for (초기화; 검사; 갱신){
    반복할 코드 블록
}
```

그림 4-1. for 반복문의 순서도

반복문을 제어해서 블록 안의 코드 구문을 반복 실행하는지 보여준다.

검사 단계의 구문에 대해서 조금 더 알아보자. 검사하는 구문은 항상 관계 연산자로 두 값을 비교하는 관계 표현식이어야 한다. 이 예제에서는 i < 400이라는 관계식을 썼고, <(보다 작은)이라는 의미의 연산자를 사용했다. 일반적으로 자주 사용하는 관계 연산자는 다음과 같다.

>	보다 큰
<	보다 작은
>=	보다 크거나 같은
<=	보다 작거나 같은
==	같은
!=	같지 않은

관계 표현식은 언제나 참(true) 또는 거짓(false)으로 판명된다. 가령, 5 > 3은 참이다. 이 표현은 '5가 3보다 큰가?'라는 질문에 해당하고 답은 '맞다'이므로 관계 표현식은 참으로 판명할 수 있다. 5 < 3이라는 표현은 '5가 3보다 작은가?'라는 질문이다. 답은 '아니다'이므로 관계 표현식은 거짓으로 판명할 수 있다. 관계 표현식이 참이라면 블록 안의 코드가 실행된다. 하지만 관계 표현식이 거짓이라면 블록 안의 코드는 실행되지 않고 for 반복문은 종료된다.

예제 4-7: 반복문에 익숙해지기

for 반복문을 사용하는 가장 큰 이유는 코드를 조금만 수정해도 큰 효과를 얻을 수 있기 때문이다. 블록 안의 코드는 보통 여러 번 실행되므로 반복할 코드를 조금만 수정해도 효과는 크게 증폭되기 마련이다. 52쪽의 예제 4-6을 다음과 같이 약간만 수정해도 우리는 매우 다른 결과물을 얻을 수 있다.

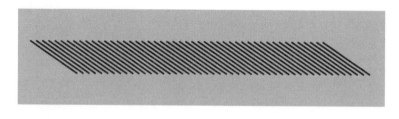

```
size(480, 120);
strokeWeight(2);
for (int i = 20; i < 400; i += 8) {
  line(i, 40, i + 60, 80);
}
```

예제 4-8: 반복문에서 변화 만들기

```
size(480, 120);
strokeWeight(2);
for (int i = 20; i < 400; i += 20) {
  line(i, 0, i + i/2, 80);
}
```

예제 4-9: for 반복문 안에 코드 추가하기

```
size(480, 120);
strokeWeight(2);
for (int i = 20; i < 400; i += 20) {
  line(i, 0, i + i/2, 80);
  line(i + i/2, 80, i*1.2, 120);
}
```

예제 4-10: for 반복문 안에 다른 for 반복문 넣기

하나의 for 반복문 안에 다른 반복문을 추가하면 코드가 반복 실행되는
횟수가 곱절로 늘어난다. 먼저 다음의 짧은 예제를 살펴보자. 이 코드
에 대해서는 56쪽의 예제 4-11에서 보다 자세하게 분석할 것이다.

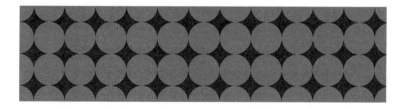

```
size(480, 120);
background(0);
noStroke();
for (int y = 0; y <= height; y += 40) {
  for (int x = 0; x <= width; x += 40) {
    fill(255, 140);
    ellipse(x, y, 40, 40);
  }
}
```

예제 4-11: 행과 열

이 예제에서는 for 반복문이 다른 반복문 안에 들어가 있지 않고 연이어 있다. 그 결과 첫 번째 for 반복문은 4개의 원이 수직으로 열을 이루는 모습을 그리고, 두 번째 for 구문은 13개의 원이 수평으로 행을 이루는 모습을 그린다.

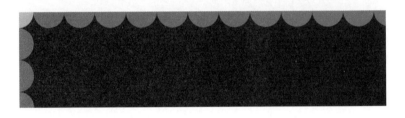

```
size(480, 120);
background(0);
noStroke();
for (int y = 0; y < height+45; y += 40) {
  fill(255, 140);
  ellipse(0, y, 40, 40);
}
for (int x = 0; x < width+45; x += 40) {
  fill(255, 140);
  ellipse(x, 0, 40, 40);
}
```

만약 55쪽의 예제 4-10과 같이, 두 개의 for 구문 중 하나를 다른 for 구문 안에 넣으면 4개의 원을 그리는 첫 번째 for 반복문과 13개의 원을 그리는 두 번째 for 반복문이 곱해진다. 그 결과 예제 4-10에서 보듯이 ellipse() 함수는 총 52회(4×13=52) 실행된다.

예제 4-10은 여러 종류의 시각적 패턴을 실험해 볼 수 있는 코드다. 앞으로 나오는 예제들은 앞의 예제 4-10을 활용하는 몇 가지 사례를 보여준다. 하지만 이는 단지 활용 가능한 표현들 중 극히 일부분에 해당할 뿐이다. 57쪽의 예제 4-12는 바둑판 모양의 격자 위에 나열된 원들과 화면의 중앙을 연결하는 선들을 보여준다. 예제 4-13은 행이 바뀔 때마다 조금씩 작아지며 오른쪽으로 밀려나는 원들을 보여준다. 오른쪽으로 밀리는 모습은 x 좌표에 y 좌표를 더하는 방식으로 구현한다.

예제 4-12: 여러 개의 선과 동그라미들

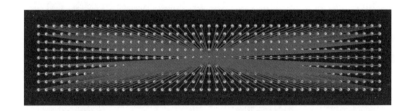

```
size(480, 120);
background(0);
fill(255);
stroke(102);
for (int y = 20; y <= height-20; y += 10) {
  for (int x = 20; x <= width-20; x += 10) {
    ellipse(x, y, 4, 4);
    // 화면의 중앙을 향해 선을 그린다
    line(x, y, 240, 60);
  }
}
```

예제 4-13: 오른쪽으로 밀리는 망점들

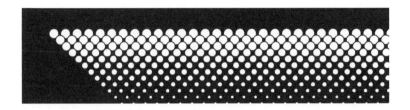

```
size(480, 120);
background(0);
for (int y = 32; y <= height; y += 8) {
  for (int x = 12; x <= width; x += 15) {
    ellipse(x + y, y, 16 - y/10.0, 16 - y/10.0);
  }
}
```

로봇 2: 변수

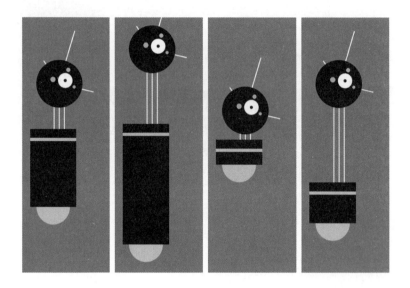

이 프로그램은 새로 추가한 변수들 때문에 로봇 1(40쪽의 '로봇 1: 그리기' 참고)의 코드보다 더 복잡해 보인다. 하지만 바로 그 변수를 덕분에 로봇의 모습과 관련이 있는 값들을 한곳에 모을 수 있어서 코드를 수정하기는 훨씬 더 쉬워졌다. 가령, 로봇 목의 길이는 neckHeight 변수에 할당되는 값만 수정하면 쉽게 바꿀 수 있다. 로봇의 다른 부분들도 코드 맨 위에 있는 여러 변수의 값을 수정하면 변경할 수 있다. 로봇의 위치, 몸의 크기, 그리고 목의 길이 등을 설정하는 값이 한곳에 모여 있다. 아래에 있는 표와 같이 변수의 값을 다양하게 바꾸고 로봇의 모습이 어떻게 변하는지 살펴보자.

y = 390 bodyHeight = 180 neckHeight = 40	y = 460 bodyHeight = 260 neckHeight = 95	y = 310 bodyHeight = 80 neckHeight = 10	y = 420 bodyHeight = 110 neckHeight = 140

기존에 숫자 위주로 작성한 코드를 변수를 사용하도록 고쳐 쓸 때는 신중하게 계획을 세우고 조금씩 수정하며 바꿔야 한다. 가령, 이 프로그램도 로봇 1의 코드에 변수를 하나 추가한 다음 바로 확인하고, 다시 변수를 하나 더 추가하고 또 확인하는 식으로 작성하며, 코드를 고쳐 쓰는 과정에서 발생할 수 있는 실수를 줄일 수 있도록 만전을 기하며 조금씩 바꿨다. 변수를 추가한 다음에는 바로 코드를 실행해서 문제가 없는지 확인한 다음 새로운 변수를 추가해야 안전하다.

```
int x = 60;              // x 좌표
int y = 390;             // y 좌표
int bodyHeight = 180;    // 몸통의 높이
int neckHeight = 40;     // 목의 높이
int radius = 45;
int ny = y - bodyHeight - neckHeight - radius;  // 목의 y

size(170, 480);
strokeWeight(2);
background(0, 153, 204);
ellipseMode(RADIUS);

// 목
stroke(255);
line(x+2, y-bodyHeight, x+2, ny);
line(x+12, y-bodyHeight, x+12, ny);
line(x+22, y-bodyHeight, x+22, ny);

// 안테나
line(x+12, ny, x-18, ny-43);
line(x+12, ny, x+42, ny-99);
line(x+12, ny, x+78, ny+15);

// 몸통
noStroke();
fill(255, 204, 0);
ellipse(x, y-33, 33, 33);
fill(0);
rect(x-45, y-bodyHeight, 90, bodyHeight-33);
fill(255, 204, 0);
rect(x-45, y-bodyHeight+17, 90, 6);

// 머리
fill(0);
```

```
ellipse(x+12, ny, radius, radius);
fill(255);
ellipse(x+24, ny-6, 14, 14);
fill(0);
ellipse(x+24, ny-6, 3, 3);
fill(153, 204, 255);
ellipse(x, ny-8, 5, 5);
ellipse(x+30, ny-26, 4, 4);
ellipse(x+41, ny+6, 3, 3);
```

5

반응

프로세싱이 마우스, 키보드 그리고 다른 입력 장치의 신호에 반응하게 만들려면 코드를 계속 실행시키며 반복적으로 장치의 상태 변화를 추적해야 한다. 이처럼 계속 실행시킬 코드들은 프로세싱의 draw() 함수 안에 작성한다.

계속 실행하기

프로세싱은 draw() 블록 안에 작성한 코드를 반복해서 실행한다. 즉, 블록의 맨 윗줄부터 가장 아랫 줄까지 순차적으로 코드를 실행한 다음 다시 맨 윗줄로 돌아가 그곳에서 마지막 줄까지 코드를 실행하는 과정을 되풀이한다. 이러한 과정은 정지 버튼을 클릭하거나 디스플레이 창을 닫을 때까지 계속 반복된다. draw()의 코드들을 맨 윗줄부터 마지막 줄까지 한 번 실행하는 과정을 프레임(frame)이라는 단위로 부른다. 프레임 속도(frame rate)란 1초에 실행되는 프레임의 수를 의미한다. 프로세싱의 기본 프레임 속도는 60이다. 하지만 이는 설정을 통해 바꿀 수 있다.

예제 5-1: draw() 함수

이번 예제를 살펴보면 draw() 함수의 기능을 보다 잘 이해할 수 있다.

```
void draw() {
  // 콘솔에 현재의 프레임 번호를 출력한다
  println("I'm drawing");
  println(frameCount);
}
```

콘솔에 다음과 같은 내용이 출력될 것이다.

```
I'm drawing
1
I'm drawing
2
I'm drawing
3
...
```

이번 예제에 나온 println() 함수는 괄호 안의 내용을 콘솔에 출력하는 함수다. frameCount 변수는 프로세싱에 내장된 변수로, 현재의 프레임 번호를 담고 있다. draw() 함수는 블록 안의 코드를 계속 실행하므로 콘솔에는 'I'm drawing'이란 문구와 '1, 2, 3,…'이라는 프레임 번호가 계속 번갈아 출력된다.

예제 5-2: setup() 함수

프로세싱은 setup()이라는 함수도 제공한다. setup() 함수는 블록 안의 코드를 한 번만 실행하는 함수로서, 반복해서 코드를 실행하는 draw() 함수를 보완하는 역할을 한다.

```
void setup() {
  println("I'm starting");
}

void draw() {
  println("I'm running");
}
```

이 코드를 실행하면 콘솔에 다음과 같이 출력된다.

```
I'm starting
I'm running
I'm running
I'm running
...
```

setup() 함수의 'I'm starting'은 처음 한 번만 콘솔에 출력되는데 비해 draw() 함수의 'I'm running'은 프로그램을 정지할 때까지 계속 콘솔에 출력된다.

setup() 함수는 언제나 draw() 함수보다 먼저 실행된다. 따라서 일반적으로 프로그램을 만들 때는 주로 setup() 안에 초깃값을 설정하는 코드를 작성한다. 가령, setup() 함수의 첫 행에는 항상 size() 함수를 작성하고 그 다음에는 도형의 채우기 색상과 테두리 색상을 초기화하는 코드를 작성하곤 한다. 이미지와 글꼴을 불러오는 코드도 setup() 안에 작성하는 것이 일반적이다. (만약 size() 함수를 작성하지 않으면 디스플레이 창의 크기는 100×100픽셀로 설정된다.)

지금까지 setup()과 draw() 함수에 대해 알아보았고, 어떤 성격의 코드를 어떤 함수에 써야 하는지도 살펴보았다. 하지만 이게 다가 아니다. 코드를 작성할 수 있는 곳이 한군데 더 있다. 변수는 setup()과 draw() 블록 외부에 작성할 수 있다. 만약 setup() 안에서 변수를 만들면 draw() 안에서는 그 변수를 사용할 수 없다. 따라서 setup()과 draw()에서 모두 사용해야 하는 변수는 setup()이나 draw() 블록 내부가 아닌 다른 곳에 작성해야 한다. 이런 변수들은 프로그램의 어디서나 사용할 수 있으므로 '전역(global)' 변수라고 부른다. 이는 코드가 실행되는 순서를 아래와 같이 나열해 보면 보다 잘 이해될 것이다.

1. setup()과 draw()의 외부에서 선언한 변수가 만들어진다.

2. setup() 블록 안의 코드가 한 번 실행된다.

3. draw() 블록 안의 코드가 계속해서 실행된다.

예제 5-3: 전역 변수

이번 예제는 setup(), draw() 그리고 전역 변수의 특징을 잘 보여준다.

```
int x = 280;
int y = -100;
int diameter = 380;

void setup() {
  size(480, 120);
  fill(102);
}

void draw() {
  background(204);
  ellipse(x, y, diameter, diameter);
}
```

마우스 따라가기

이제 계속해서 실행되는 코드를 작성할 수 있게 되었으니 마우스의 위치를 계속 추적해서 이 위치의 값들로 화면 위의 도형을 움직이도록 한다.

예제 5-4: 마우스의 흔적 표시하기

프로세싱에는 마우스의 위치를 알려주는 변수가 있다. mouseX 변수는 마우스의 x 좌표를, 그리고 mouseY 변수는 마우스의 y 좌표를 알려준다.

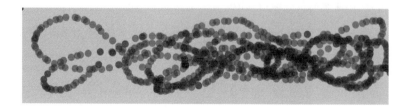

```
void setup() {
  size(480, 120);
  fill(0, 102);
  noStroke();
}

void draw() {
  ellipse(mouseX, mouseY, 9, 9);
}
```

이 예제에서는 draw() 블록의 코드가 실행될 때마다 마우스의 위치에 새로운 원이 그려진다. 프로그램을 실행한 다음 마우스를 이러저리 움직여서 원을 그리면 위의 그림과 비슷한 결과물을 만들 수 있다. 도형을 채우는 색은 약간 투명하게 설정되었기 때문에 마우스를 천천히 움직이거나 마우스가 자주 지나간 곳은 짙은 색으로 보인다. 한편, 마우스를 빠르게 움직인 곳은 원 사이의 간격이 상대적으로 더 넓다.

예제 5-5: 마우스의 현재 위치만 표시하기

앞의 예제와 같이 이 예제에서도 draw() 안의 코드가 실행될 때마다 새로운 원이 창에 그려진다. 하지만 화면에는 하나의 원만 표시된다. 이와 같이 현재 프레임에서 그리는 도형만 표시하려면 draw()의 첫 줄에 background() 함수를 작성해서 이전 프레임에서 그린 화면을 지우고 background() 함수 아래에 현재 프레임에서 도형을 그릴 함수를 작성한다.

```
void setup() {
  size(480, 120);
  fill(0, 102);
  noStroke();
}

void draw() {
  background(204);
  ellipse(mouseX, mouseY, 9, 9);
}
```

background() 함수는 창에 그려진 모든 것을 다 지운다. 그러므로 만약 background() 함수를 도형을 그리는 함수보다 아래쪽에 기입하면 현재 프레임에서 그린 도형들이 모두 지워져서 화면에 아무것도 나타나지 않으니 주의해야 한다.

예제 5-6: 마우스의 흔적을 선으로 잇기

pmouseX와 pmouseY 변수는 바로 이전 프레임에 있었던 마우스 위치를 알려 준다. mouseX 및 mouseY와 마찬가지로 이 특수한 변수는 draw()가 실행될 때마다 값이 업데이트된다. 마우스의 위치를 알려주는 네 개의 변수를 조합하면 현재 프레임에서의 마우스 위치와 이전 프레임에서의 마우스 위치를 연결하여 연속적으로 이어지는 선을 그릴 수 있다.

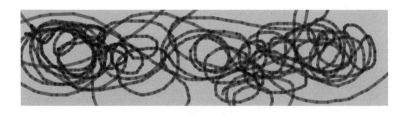

```
void setup() {
  size(480, 120);
  strokeWeight(4);
  stroke(0, 102);
}
```

```
void draw() {
  line(mouseX, mouseY, pmouseX, pmouseY);
}
```

예제 5-7: 마우스의 속도를 선의 두께에 반영하기

mouseX, mouseY, pmouseX 그리고 pmouseY 변수를 활용하면 마우
스의 속도도 계산해낼 수 있다. 여기서 속도는 현재 프레임에서의 마
우스 위치와 이전 프레임에서의 마우스 위치가 얼마나 멀리 떨어져 있
는지 측정하는 방식으로 구한다. 만약 마우스를 천천히 움직이고 있다
면 현재 프레임의 마우스 위치(mouseX, mouseY)와 이전 프레임에서
의 마우스 위치(pmouseX, pmouseY) 사이의 거리가 가까울 것이고 반
대로 마우스를 빠르게 움직이고 있다면 두 지점 사이의 거리는 멀어질
것이다. 거리를 구하는 계산은 예제에 나온 것과 같이 dist() 함수로 간
단하게 처리할 수 있다. 마우스의 속도를 구한 다음에는 선의 두께에
속도를 반영한다. 그러면 마우스를 빠르게 움직일 때 선이 두꺼워지고
마우스를 천천히 움직일 때 선이 가늘어진다.

```
void setup() {
  size(480, 120);
  stroke(0, 102);
}

void draw() {
  float weight = dist(mouseX, mouseY, pmouseX, pmouseY);
  strokeWeight(weight);
  line(mouseX, mouseY, pmouseX, pmouseY);
}
```

예제 5-8: 감속 기법

67쪽의 예제 5-7에서는 마우스의 위치를 곧장 원의 위치에 반영했다. 그래서 원은 마우스에 바짝 붙어서 움직였다. 하지만 때로는 보다 유연한 움직임을 구현하기 위해 원이 마우스를 천천히 따라가게 하고 싶을 때도 있을 것이다. 이러한 기법을 감속 또는 이징(easing) 기법이라고 부른다. 감속 기법은 두 종류의 값을 처리해서 구현한다. 첫 번째는 현재 위칫값이고 두 번째는 목표 지점의 위칫값이다(그림 5-1 참고). 매 프레임마다 코드가 실행되면 현재의 위칫값은 목표 지점의 위칫값에 조금씩 가까워지도록 처리된다.

```
float x;
float easing = 0.01;

void setup() {
  size(220, 120);
}

void draw() {
  float targetX = mouseX;
  x += (targetX - x) * easing;
  ellipse(x, 40, 12, 12);
  println(targetX + " : " + x);
}
```

위의 예제에서 x 변수의 값은 targetX 변수의 값에 조금씩 가까워진다. 가까워지는 속도는 easing 변수의 값에 의해 결정된다. easing 변수는 0과 1 사이의 값으로 설정하는데, 값이 0에 가까워질수록 x가 targetX에 가까워지는 속도, 즉 원이 마우스에 다가가는 속도가 줄어들고, 반대로 값이 1에 가까워질수록 원이 다가가는 속도는 증가한다. 만약 easing의 값이 1이라면 원은 곧장 마우스의 위치에 그려진다. 예제 5-8을 실행하면 println() 함수가 콘솔에 출력하는 x의 값과 targetX의 값을 확인할 수 있다. 마우스를 움직이면 이 값들의 차이는 커지지만 마우스를 움직이지 않으면 x의 값이 targetX의 값에 점차 다가가는 것을 볼 수 있을 것이다.

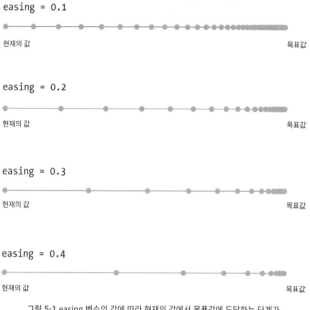

그림 5-1 easing 변수의 값에 따라 현재의 값에서 목푯값에 도달하는 단계가 늘어나거나 줄어들고 단계의 차이는 속도의 차이로 우리에게 인식된다.

이 예제에서 가장 중요한 부분인 감속 기법을 구현하는 코드는 x += 으로 시작하는 행이다. 이 행은 현재의 값과 목푯값 사이의 차이에 easing 변수의 값을 곱한 다음 여기에 x의 값을 더해 목표를 향해 다가가게 한다.

예제 5-9: 감속 기법으로 선의 두께를 부드럽게 처리하기

이 예제에서는 67쪽의 예제 5-7에 예제 5-8의 감속 기법을 적용한다. 그 결과, 선의 두께를 훨씬 부드럽게 처리할 수 있다.

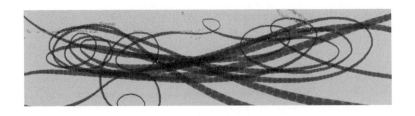

```
float x;
float y;
float px;
float py;
float easing = 0.05;

void setup() {
  size(480, 120);
  stroke(0, 102);
}

void draw() {
  float targetX = mouseX;
  x += (targetX - x) * easing;
  float targetY = mouseY;
  y += (targetY - y) * easing;
  float weight = dist(x, y, px, py);
  strokeWeight(weight);
  line(x, y, px, py);
  py = y;
  px = x;
}
```

마우스 클릭하기

프로세싱은 마우스의 위치뿐만 아니라 마우스의 버튼 상태도 추적할 수 있다. 마우스의 버튼을 누르거나 누르지 않는 행위에 따라 mousePressed 변수의 값이 달라진다. mousePressed 변수의 자료형은 불(boolean)이다. 불 자료형에는 true(참)이나 false(거짓) 중 하나의 값만 저장할 수 있다. 마우스의 버튼을 누르면 true값이 mousePressed 변수에 저장되고 마우스 버튼을 누르지 않으면 false값이 mousePressed 변수에 저장된다.

예제 5-10: 마우스를 클릭했을 때

이 예제에서는 mousePressed 변수와 if 조건문을 사용해서 마우스를 누르는 상황에 따라 특정한 코드를 실행하거나 실행하지 않는 프로그램을 만든다. 우선 예제를 실행해서 결과를 확인해 보자.

```
void setup() {
  size(240, 120);
  strokeWeight(30);
}

void draw() {
  background(204);
  stroke(102);
  line(40, 0, 70, height);
  if (mousePressed == true) {
    stroke(0);
  }
  line(0, 70, width, 50);
}
```

이 프로그램에서는 마우스의 버튼을 눌렀을 때만 if 블록 안의 코드가 실행된다. 반면 버튼을 누르지 않으면 if 블록 안의 코드는 무시되어 실행되지 않는다. 52쪽의 'for 반복문'에서 살펴보았던 for 반복문과 마찬가지로 if 조건문에도 true 또는 false를 평가하는 '검사(test)' 표현식을 작성해야 한다.

```
if (검사) {
  실행할 코드 블록
}
```

검사 결과가 true로 판명되면 프로세싱은 if 블록 안의 구문을 실행한다. 하지만 검사 결과가 false라면 프로세싱은 블록 안의 구문을 실행하지 않는다. 컴퓨터는 if 조건문의 괄호 안에 있는 관계식을 평가하여 검사 결과를 true 및 false로 결정한다. (만약 관계식이 잘 기억나지 않는다면 52쪽의 예제 4-6을 참고한다.)

== 기호는 이 연산자의 왼쪽에 있는 값과 오른쪽에 있는 값을 비교해서 서로 같은지 평가한다. == 기호는 할당 연산자인 =과 다르다. == 기호는 '두 값이 같은가?'를 묻는 표현인데 비해 = 기호는 '어떤 값을 변수에 할당하라'는 의미로 사용한다.

> 많은 사람들은 == 연산자를 써야 할 곳에 = 연산자를 쓰는 실수를 하곤 한다. 이는 너무나도 흔한 실수여서 숙련된 프로그래머조차도 실수를 반복할 정도다. 이 실수는 프로그램을 전혀 엉뚱한 방향으로 작동하게 만들기에 치명적이다. 더구나 프로세싱은 이와 같은 실수를 오류라고 판단하지 못하는 경우가 많다. 따라서 == 연산자 대신 = 연산자를 사용하지 않도록 특히 주의해야 한다.

한편, draw()에 있는 if 구문의 검사 표현식은 다음과 같이 표현할 수도 있다.

```
if (mousePressed) {
```

mousePressed와 같은 boolean 자료형 변수는 true 아니면 false값만 저장할 수 있기 때문에 굳이 == 연산자로 명시적인 관계식을 작성하지 않아도 된다.

예제 5-11: 마우스를 클릭하지 않았을 때

하나의 if 블록을 사용하면 프로그래머는 어떤 코드를 실행하거나 실행하지 않는 선택지를 구현할 수 있다. 만약 if 블록에 else 블록을 추가해서 확장시키면 프로그래머는 선택지를 두 개로 늘릴 수 있다. 즉, 어떤 if 블록의 값이 false라면 else 블록 안의 코드가 실행되게 만들 수 있다. 가령, 마우스의 버튼을 누르지 않으면 테두리 선의 색깔을 흰색으로 칠하게 하고 마우스의 버튼을 누르면 색깔을 검은색으로 칠하도록 프로그램을 작성할 수 있다.

```
void setup() {
  size(240, 120);
  strokeWeight(30);
}

void draw() {
  background(204);
  stroke(102);
  line(40, 0, 70, height);
  if (mousePressed) {
    stroke(0);
  } else {
    stroke(255);
  }
  line(0, 70, width, 50);
}
```

예제 5-12: 클릭한 버튼 확인하기

마우스에 두 개 이상의 버튼이 있을 경우, 프로세싱은 사용자가 마우스의 어떤 버튼을 클릭했는지도 알 수 있다. 사용자가 마우스의 버튼을 클릭하면 mouseButton 변수에 LEFT, CENTER 또는 RIGHT 중의 한 값이 저장된다. 따라서 아래 스케치와 같이 == 연산자를 사용해서 mouseButton에 특정한 버튼의 값이 저장되어 있는지 확인하면 그 결과에 따라 특정한 코드가 실행되게 만들 수 있다.

```
void setup() {
  size(120, 120);
  strokeWeight(30);
}

void draw() {
  background(204);
  stroke(102);
  line(40, 0, 70, height);
  if (mousePressed) {
    if (mouseButton == LEFT) {
      stroke(255);
    } else {
      stroke(0);
    }
    line(0, 70, width, 50);
  }
}
```

이 책의 짧은 예제들과 달리 일반적인 프로그램에는 수많은 if와 else 조건문 구조를 넣을 수 있다(그림 5-2 참고). 조건문은 각각 다른 조건에 따라 독립적으로 작동하도록 길게 연속해서 나열할 수도 있고 하나의 조건문 안에 다른 조건문을 넣어 보다 복잡한 조건에 반응하도록 만들 수도 있다.

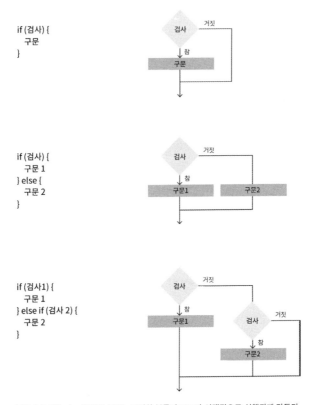

```
if (검사) {
  구문
}
```

```
if (검사) {
  구문 1
} else {
  구문 2
}
```

```
if (검사1) {
  구문 1
} else if (검사 2) {
  구문 2
}
```

그림 5-2. if와 else 조건문 구조는 특정한 블록의 코드가 선택적으로 실행되게 만든다.

마우스의 위치 찾기

if 조건문을 mouseX 및 mouseY의 값과 함께 사용하면 디스플레이 창 위에 있는 커서의 위치에 따라 다른 코드가 실행되게 할 수 있다.

예제 5-13: 커서 찾기

이 예제는 커서가 수직선의 왼쪽에 있는지 아니면 오른쪽에 있는지 검사하고 커서를 향해 선을 움직인다.

```
float x;
int offset = 10;

void setup() {
  size(240, 120);
  x = width/2;
}

void draw() {
  background(204);
  if (mouseX > x) {
    x += 0.5;
    offset = -10;
  }
  if (mouseX < x) {
    x -= 0.5;
    offset = 10;
  }
  // 'offset'의 값을 활용해서 화살표가 왼쪽이나 오른쪽을 가리키게 한다
  line(x, 0, x, height);
  line(mouseX, mouseY, mouseX + offset, mouseY - 10);
  line(mouseX, mouseY, mouseX + offset, mouseY + 10);
  line(mouseX, mouseY, mouseX + offset*3, mouseY);
}
```

그래픽 사용자 인터페이스(버튼, 체크박스, 스크롤바 등)가 있는 프로
그램을 만들려면 커서가 화면 내의 특정한 영역에 들어갔는지 판단할
수 있는 코드를 작성해야 한다. 이어지는 두 예제는 커서가 원이나 직
사각형의 영역 안에 들어왔는지 검출하는 방법을 소개한다. 코드는 변
수를 사용해서 모듈 방식으로 작성했으므로 변수의 값만 바꾸면 다른
프로그램에서도 재사용할 수 있을 것이다.

예제 5-14: 원의 영역

마우스 커서가 원의 영역 안에 들어갔는지 검사할 때는 먼저 dist() 함수를 사용해서 원의 중심과 마우스 커서 사이의 거리를 측정한다. 그다음 측정한 거리가 원의 반지름(그림 5-3 참고)보다 가까운지 여부를 확인한다. 만약 반지름보다 가깝다면 커서는 원의 내부에 있는 것이다. 이 예제에서는 커서가 원의 영역에 들어서면 원이 점점 커진다.

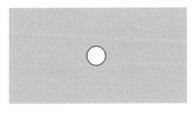

```
int x = 120;
int y = 60;
int radius = 12;

void setup() {
  size(240, 120);
  ellipseMode(RADIUS);
}

void draw() {
  background(204);
  float d = dist(mouseX, mouseY, x, y);
  if (d < radius) {
    radius++;
    fill(0);
  } else {
    fill(255);
  }
  ellipse(x, y, radius, radius);
}
```

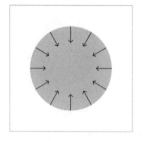

dist(x, y, mouseX, mouseY) < radius

그림 5-3 마우스 커서가 원의 영역 안에 들어갔는지 확인하는 원의 롤오버(rollover) 검사.
커서와 원의 중심 사이의 거리가 원의 반지름보다 작으면 커서가 원의 내부에 있는 것이다.

예제 5-15: 사각형의 영역

커서가 사각형의 영역에 들어갔는지 검사하는 방식은 앞의 예제와는
사뭇 다르다. 먼저 커서의 위치와 사각형의 네 가장자리의 위치를 각
각 비교해서 커서가 가장자리보다 사각형의 중심 쪽에 있는지 각각 검
사한다. 그 다음 검사한 네 개의 결과가 모두 true값인지 확인한다. 그
래서 만약 true값이 나온다면 커서가 사각형의 영역 안에 있다고 판단
하고 false값이 나온다면 커서가 사각형의 영역 밖에 있다고 판단한다.
이 개념은 그림 5-4에 도식화되어 있다. 각 단계는 비교적 간단하지만,
네 개의 가장자리를 모두 검사해야 하므로 복잡해 보일 수 있다.

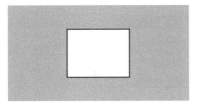 

```
int x = 80;
int y = 30;
int w = 80;
int h = 60;

void setup() {
  size(240, 120);
}

void draw() {
  background(204);
  if ((mouseX > x) && (mouseX < x+w) &&
      (mouseY > y) && (mouseY < y+h)) {
    fill(0);
  } else {
    fill(255);
  }
  rect(x, y, w, h);
}
```

if 조건문의 검사 표현식이 지금까지 보았던 조건문에 비해서는 다소
복잡해 보인다. 커서가 사각형의 영역 안에 있다고 판단하려면 네 개
의 개별 검사(가령, mouseX > x)가 모두 true여야 한다. 따라서 각 개
별 검사의 교집합을 논리적 AND 연산자(&&)로 구한다. 만약 개별 검
사 중 어느 하나라도 false로 판명된다면, 즉 공통의 교집합이 없다면
전체적인 검사 결과 또한 false가 되어 도형의 색깔은 검은색으로 바뀌
지 않는다. &&에 대해서는 프로세싱 홈페이지의 레퍼런스 메뉴에서
더욱 자세하게 설명하고 있다.

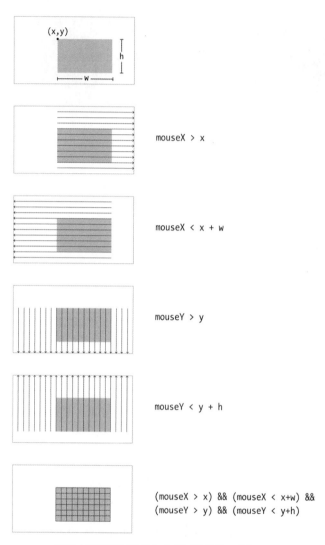

그림 5-4 사각형의 롤오버 검사. 네 개의 개별 검사를 수행한 결과,
그 교집합이 true라면 커서는 사각형의 영역 안에 있는 것이다.

키보드 입력

프로세싱은 사용자가 키보드의 키를 눌렀는지의 여부뿐만 아니라 그 키가 어떤 키인지도 알 수 있다. keyPressed 변수는, 앞서 보았던 mousePressed 변수와 마찬가지로, 키보드의 키를 누르면 true값으로 바뀌고 아무 키도 누르지 않았다면 false값으로 바뀐다.

예제 5-16: 키보드 누르기

이 예제에서는 아무 키나 누르면 두 번째 선이 그려진다.

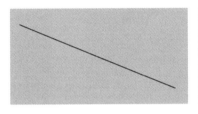 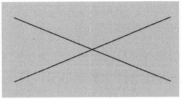

```
void setup() {
  size(240, 120);
}

void draw() {
  background(204);
  line(20, 20, 220, 100);
  if (keyPressed) {
    line(220, 20, 20, 100);
  }
}
```

key 변수에는 가장 최근에 누른 키의 값이 저장된다. key 변수의 자료형은 char다. char는 캐릭터(글자, character)를 줄여서 표시한 것이다. 읽을 때는 차콜(목탄, charcoal)의 첫 소리와 같이 '차'라고 발음한다. char 변수는 하나의 글자만 저장할 수 있다. char 자료형에 저장할 수 있는 글자는 알파벳은 물론, 숫자와 기호 등도 가능하다. char 자료형의 값은 작은 따옴표로 감싼다. 한편, 값을 큰 따옴표로 감싸면 문자열 (String) 자료형의 값(113쪽의 예제 7-8 참고)으로 처리되니 착오가 없기 바란다. 다음은 char 변수를 선언하고 값을 할당하는 코드다.

```
char c = 'A'; // 변수 c를 선언하고 'A'를 할당한다
```

다음 코드는 에러를 유발한다.

```
char c = "A";  // 에러! char에는 String 자료형을 할당할 수 없다
char h = A;    // 에러! A를 둘러싸는 작은 따옴표가 없다
```

boolean 변수인 keyPressed는 키에서 손을 떼면 바로 false값으로 바뀌는데 비해 key 변수에 저장된 글자는 다음 키를 누를 때까지 남아 있다. 이어지는 예제는 key에 저장된 글자를 화면에 표시한다. 새로운 키를 누르면 key 변수에 저장된 글자가 바뀌므로 화면에는 새로 누른 글자가 표시된다. 한편, Shift나 Alt 같은 일부 키는 가시적으로 나타나는 형상이 없다. 따라서 이들 키는 누르더라도 화면에 아무것도 나타나지 않는다.

예제 5-17: 글자 그리기

이 예제에서는 글자의 크기를 설정하는 textSize() 함수, 글자의 정렬을 설정하는 textAlign() 함수, 그리고 글자를 화면에 표시하는 text() 함수를 새로 사용하게 된다. 이 함수들에 대해서는 110쪽의 '글꼴'에서 보다 자세하게 설명한다.

```
void setup() {
  size(120, 120);
  textSize(64);
  textAlign(CENTER);
}

void draw() {
  background(0);
  text(key, 60, 80);
}
```

스케치를 실행하고 키보드의 키를 누르면 해당 글자가 화면에 표시된
다. 이 코드에 if 조건문을 적용하면 사용자가 특정한 키를 눌렀을 때만
선별적으로 반응하도록 스케치를 작성할 수 있다.

예제 5-18: 특정한 키를 눌렀을 때만 반응하기

이 예제에서는 사용자가 H 또는 N 키를 눌렀는지 검사한다. 검사를 하
려면 if 조건문에 비교 연산자(==)로 비교식을 만들어서 key 변수에 저
장된 값이 우리가 기대하는 글자와 일치하는지 확인한다.

```
void setup() {
  size(120, 120);
}

void draw() {
  background(204);
  if (keyPressed) {
    if ((key == 'h') || (key == 'H')) {
      line(30, 60, 90, 60);
    }
    if ((key == 'n') || (key == 'N')) {
```

```
    line(30, 20, 90, 100);
  }
}
line(30, 20, 30, 100);
line(90, 20, 90, 100);
}
```

프로그래머는 사용자가 글자를 소문자로 입력할지 아니면 대문자로
입력할지 알 수 없다. 따라서 소문자는 물론 대문자도 검사할 수 있는
if 조건문을 작성해야 한다. 논리적 OR (|| 기호) 연산자를 사용하면 소
문자 검사와 대문자 검사를 모두 수행할 수 있다. 앞의 코드에 있는 두
번째 if 조건문의 검사식은 '만약 h 키를 눌렀거나 또는(or) H 키를 눌
렀다면' 정도의 의미로 해석할 수 있다. 논리적 AND(&& 기호)는 각 검
사 결과가 모두 true값을 가져야 전체 검사식도 true값을 가지지만, 그
와 달리 논리적 OR는 각 검사 결과 중 하나만 true값을 가져도 전체 검
사식이 true값이 된다.

　일반적인 글자나 숫자를 입력하는 키와는 달리 일부 특수한 키들은
조금 검사하기 까다롭다. Shift, Alt 그리고 방향키는 코드화(coded)되
어 있으며 덕분에 검사를 할 때도 추가적인 과정을 더 거쳐야 한다. 코
드화된 키를 검사하려면 먼저 키를 눌렀는지, 그리고 그 키가 코드화
된 키인지 검사한다. 그 다음 keyCode 변수로 해당 키의 코드를 확인
해서 어떤 키인지 알아낸다. 가장 일반적으로 사용하는 keyCode 변수
의 값은 ALT, CONTROL 그리고 SHIFT다. 그리고 방향키의 코드값은
UP, DOWN, LEFT, RIGHT다.

예제 5-19: 방향키로 움직이기

이번 예제는 왼쪽 방향키 및 오른쪽 방향키를 눌렀는지 확인해서 직사
각형의 움직임에 반영하는 방법을 보여준다.

```
int x = 215;

void setup() {
  size(480, 120);
}

void draw() {
  if (keyPressed && (key == CODED)) { // 만약 코드화된 키를 눌렀다면
    if (keyCode == LEFT) {            // 만약 왼쪽 방향키라면
      x--;
    } else if (keyCode == RIGHT) {    // 만약 오른쪽 방향키라면
      x++;
    }
  }
  rect(x, 45, 50, 50);
}
```

변환하기

우리는 마우스나 키보드를 통해 다양한 값을 얻을 수 있다. 하지만 이 값들을 프로그램에서 유용하게 사용하려면 종종 다른 값으로 변환 (mapping)해야 하는 상황도 자주 생긴다. 가령, mouseX의 값에 따라 디스플레이 창의 배경색이 변하는 프로그램을 작성하고 있는데, 창의 너비가 1920픽셀이라면 mouseX의 값을 바로 배경색에 반영하기 어렵다. mouseX의 변화 범위는 0부터 1920까지인데 비해 배경색의 변화 범위는 0부터 255까지이기 때문이다. 이런 경우에는 mouseX의 변화 범위에 대응하여 0부터 255의 값으로 변환된 새로운 값을 구할 필요가 생긴다. map() 함수는 어떤 값의 변화 범위에 대응하는 다른 변화 범위의 변환값을 쉽게 계산하는 기능을 제공한다.

예제 5-20: 마우스의 위칫값 변환하기

이 예제는 mouseX 변수의 값으로 두 선의 위치를 제어한다. 회색 선은 커서의 수평 위치에 그려지므로 마우스를 따라 화면의 왼쪽부터 오른쪽까지 넓게 움직인다. 그에 비해 검은 선은 마우스를 좌우로 움직

일 때 화면의 중앙에서 양쪽으로 좁은 범위 내에서만 움직인다.

```
void setup() {
  size(240, 120);
  strokeWeight(12);
}

void draw() {
  background(204);
  stroke(102);
  line(mouseX, 0, mouseX, height); // 회색 선
  stroke(0);
  float mx = mouseX/2 + 60;
  line(mx, 0, mx, height);         // 검은 선
}
```

map() 함수를 사용하면 앞의 예제를 보다 간편하게 구현할 수 있다. map() 함수는 어떤 범위 내에서 변하는 변수의 값을 다른 범위 내에서도 변하는 값으로 변환한다. 이 함수의 첫 번째 매개변수에는 변환할 변수를 기입한다. 그 다음 두 번째와 세 번째 매개변수에는 이 변수의 변화 범위, 즉 최솟값과 최댓값을 기입한다. 네 번째와 다섯 번째 매개변수에는 새로 변환될 최솟값과 최댓값을 기입한다. map() 함수를 사용하면 변환 수식을 만들지 않고도 간단하게 값을 변환할 수 있어서 편리하다.

예제 5-21: map() 함수로 변환하기

이 예제는 앞의 85쪽에 있는 예제 5-20을 map() 함수를 사용해서 다시 작성한 코드를 보여준다.

```
void setup() {
  size(240, 120);
  strokeWeight(12);
}

void draw() {
  background(204);
  stroke(102);
  line(mouseX, 0, mouseX, height); // 회색 선
  stroke(0);
  float mx = map(mouseX, 0, width, 60, 180);
  line(mx, 0, mx, height);          // 검은 선
}
```

map() 함수는 매개변수에 최솟값과 최댓값을 기입하기 때문에 코드의 의미를 훨씬 쉽게 이해할 수 있다. 이 예제에서는 0부터 width까지 변하는 mouseX 값의 범위를 60부터(mouseX가 0일 때의 값) 180까지 (mouseX가 width일 때의 값)의 범위로 변환한다. 이 책의 많은 예제들도 map() 함수를 이용해서 보다 쉽게 값을 변환하고 있다.

로봇 3: 반응

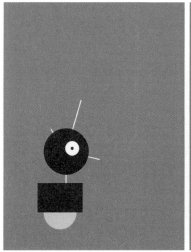
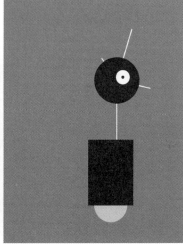

이 프로그램은 마우스에 반응하여 로봇 2(58쪽의 '로봇 2: 변수들' 참고)의 변숫값들을 다양하게 바꾼다. 그 결과 프로그램이 실행되는 동안 마우스를 움직이거나 클릭하면 그에 반응하여 로봇의 위치와 모습이 변한다. draw() 블록 안의 코드는 1초 동안 여러 번 실행되는데, 한 번씩 실행될 때마다 프로그램에 정의된 변수들의 값이 mouseX와 mousePressed 변수에 반응하여 바뀐다.

  mouseX의 값은 로봇의 위치에 영향을 준다. 감속 기법을 적용한 덕분에 마우스를 따라 이동하는 로봇의 움직임은 덜 즉각적이어서 좀 더 자연스러운 느낌을 준다. 마우스의 버튼을 누르면 neckHeight와 bodyHeight의 값이 바뀌고 로봇의 목 길이가 짧아진다.

```
float x = 60;          // x 좌표
float y = 440;         // y 좌표
int radius = 45;       // 머리의 반지름
int bodyHeight = 160;  // 몸통의 세로
int neckHeight = 70;   // 목의 세로

float easing = 0.04;

void setup() {
  size(360, 480);
  ellipseMode(RADIUS);
}

void draw() {
  strokeWeight(2);

  int targetX = mouseX;
  x += (targetX - x) * easing;

  if (mousePressed) {
    neckHeight = 16;
    bodyHeight = 90;
  } else {
    neckHeight = 70;
    bodyHeight = 160;
  }

  float neckY = y - bodyHeight - neckHeight - radius;
```

```
  background(0, 153, 204);

  // 목
  stroke(255);
  line(x+12, y-bodyHeight, x+12, neckY);

  // 안테나
  line(x+12, neckY, x-18, neckY-43);
  line(x+12, neckY, x+42, neckY-99);
  line(x+12, neckY, x+78, neckY+15);

  // 몸통
  noStroke();
  fill(255, 204, 0);
  ellipse(x, y-33, 33, 33);
  fill(0);
  rect(x-45, y-bodyHeight, 90, bodyHeight-33);

  // 머리
  fill(0);
  ellipse(x+12, neckY, radius, radius);
  fill(255);
  ellipse(x+24, neckY-6, 14, 14);
  fill(0);
  ellipse(x+24, neckY-6, 3, 3);
}
```

6

옮기기, 회전하기, 축척 바꾸기

화면의 좌표 체계 자체를 바꾸는 방법으로 화면에 보이는 도형의 위치를 옮기거나 움직일 수 있다. 가령, 어떤 도형의 기준점을 오른쪽으로 50픽셀만큼 옮기는 방법으로 도형의 위치를 바꿀 수도 있지만 좌표 체계의 원점(0, 0)을 50픽셀만큼 오른쪽으로 움직여서 도형을 옮길 수도 있다. 두 방법 모두 시각적인 결과는 동일하다.

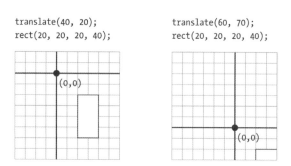

그림 6-1 좌표체계를 옮기면 도형의 위치도 이동한다.

기본 좌표 체계를 수정하는 방식으로 우리는 도형 옮기기(translate), 회전하기(rotation), 그리고 축척 바꾸기(scaling) 등과 같은 변형(transformation)을 이끌어 낼 수 있다.

옮기기

변형 작업은 다소 까다로울 수 있다. 그나마 translate() 함수가 비교적 직관적인 편이므로 이 함수부터 먼저 살펴보기로 한다. 그림 6-1에서 볼 수 있듯이 이 함수는 좌표 체계의 원점을 왼쪽, 오른쪽, 위쪽 그리고 아래쪽으로 옮길 수 있다.

예제 6-1: 위치 옮기기

이 예제에서 사각형의 기준점, 즉 도형의 위치는 (0, 0)이다. 하지만 translate() 함수 덕분에 도형의 기준점을 바꾸지 않고도 마우스 커서를 따라 화면 위를 움직인다.

 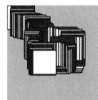 

```
void setup() {
  size(120, 120);
}

void draw() {
  translate(mouseX, mouseY);
  rect(0, 0, 30, 30);
}
```

이 예제에서는 translate() 함수로 좌표 체계의 원점을 마우스 커서의 위치(mouseX와 mouseY)로 옮기고 있다. 그에 따라 draw() 블록이 실행될 때마다 rect()는 마치 마우스를 따라 움직이듯 옮겨진 원점의 위치에 표시된다.

예제 6-2: 여러 번 옮기기

일단 변형 함수를 사용하면 그 아래의 모든 그리기 함수들은 변형 함수의 영향을 받는다. 그렇다면 두 번째 사각형을 추가하고 새로운 translate() 함수를 추가 적용해서 마우스를 움직였을 때 두 사각형이 어떻게 움직이는지 살펴보자.

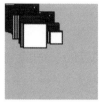

```
void setup() {
  size(120, 120);
}

void draw() {
  translate(mouseX, mouseY);
  rect(0, 0, 30, 30);
  translate(35, 10);
  rect(0, 0, 15, 15);
}
```

translate() 함수를 추가하면 각 translate() 함수들의 효과가 합쳐진다는 것을 알 수 있다. 덕분에 두 번째의 작은 사각형은 mouseX + 35와 mouseY + 10만큼 옮겨진다. 비록 두 사각형의 x 좌표와 y 좌표는 모두 (0, 0)으로 동일하지만 translate() 함수들 덕분에 서로 다른 위치에 사각형이 표시되는 것을 볼 수 있다.

한편, 좌표 체계의 원점을 옮기는 translate() 함수의 효과는, draw() 블록 안에서는 translate() 함수가 나오는 만큼 자꾸 누적되지만 draw() 함수를 실행할 때마다 누적 효과는 재설정된다는 점을 알 수 있다.

회전하기

rotate() 함수는 좌표 체계를 회전시킨다. 하나의 매개변수를 받으며 이 매개변수의 값(라디안)만큼 좌표 체계를 회전시킨다. 회전은 좌표 체계의 원점인 (0, 0)을 중심으로 이루어진다. 라디안의 각돗값에 대해서는 25쪽에 있는 예제 3-7의 그림 3-2에서 설명하고 있다. 그림 6-2는 양의 각도로 회전시켰을 때와 음의 각도로 회전시켰을 때의 차이를 보여준다.

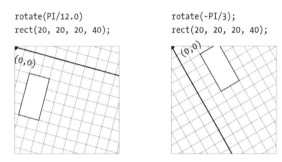

그림 6-2 좌표 체계를 회전하기

예제 6-3: 화면의 좌측상단을 중심으로 회전하기

좌표 체계를 회전시키는 방법으로 도형을 돌리려면, 먼저 rotate() 함수로 회전할 각도를 정의하는 코드를 작성한 다음 도형을 그리는 함수를 작성한다. 이번 스케치에서는 회진하는 각도가 0부터 1.2 사이의 값으로 정의된다(mouseX는 디스플레이 창의 너비에 해당하는 범위만큼 변할 수 있으므로 이 예제에서는 0부터 120 사이의 범위에서 변한다. 이 범위의 값을 100.0으로 나누면 rotate() 함수의 매개변수는 0부터 1.2 사이의 값을 갖게 된다). 참고로, mouseX의 값을 100이 아니라

100.0으로 나눠야 소수점 이하의 값을 살릴 수 있다(45쪽의 '사용자 변수 만들기' 참고).

```
void setup() {
  size(120, 120);
}

void draw() {
  rotate(mouseX / 100.0);
  rect(40, 30, 160, 20);
}
```

예제 6-4: 도형의 중심을 기준으로 회전하기

도형의 중심을 기준으로 도형을 회전시키려면 도형의 중심이 좌표 체계의 원점인 (0, 0)에 오도록 그려야 한다. 이번 예제의 사각형은 너비가 160이고 세로는 20이다. 따라서 도형의 기준점을 (-80, -10)으로 설정해야 도형의 중심이 좌표 체계의 원점인 (0, 0)과 일치하게 된다.

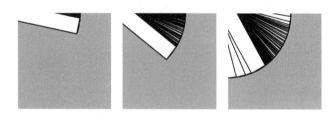

```
void setup() {
  size(120, 120);
}
```

```
void draw() {
  rotate(mouseX / 100.0);
  rect(-80, -10, 160, 20);
}
```

이 예제는 도형의 중심을 좌표 체계의 원점에 맞춰 회전시키다 보니 도형의 상당한 부분이 화면 밖에 그려졌다. 만약 도형을 원하는 위치에서 회전시키고 싶다면 translate()와 rotate() 함수를 함께 사용한다. 한편, 이 두 함수를 조합해서 사용할 때는 함수를 호출하는 순서에 주의해야 한다. 즉, translate() 함수로 좌표 체계를 먼저 옮긴 다음 rotate() 함수로 회전시켰을 때의 결과와, 회전을 먼저 한 다음 좌표 체계를 옮겼을 때의 결과는 서로 다르다.

예제 6-5: 좌표 체계를 옮긴 다음 회전하는 경우

어떤 도형을 화면의 원하는 위치에 나타나게 하고, 그 위치에서 도형의 중심을 축으로 삼아 회전시키려면 다음과 같이 스케치를 작성한다. 먼저 translate() 함수로 좌표 체계를 원하는 위치로 옮긴 다음 rotate() 함수를 호출하고, 마지막으로 도형의 중심이 새로 옮긴 좌표 체계의 원점 (0, 0)에 오도록 그린다.

```
float angle = 0;

void setup() {
  size(120, 120);
}
```

```
void draw() {
  translate(mouseX, mouseY);
  rotate(angle);
  rect(-15, -15, 30, 30);
  angle += 0.1;
}
```

예제 6-6: 좌표 체계를 회전시킨 다음 옮기는 경우

이번 예제는 95쪽의 예제 6-5와 거의 같다. 단, translate()와 rotate()의
순서만 다르다. 그 결과 도형은 좌표 체계의 원점인 디스플레이 창의
좌측 상단을 축으로 회전하고 translate() 함수에 전달되는 매개변수의
값만큼 창의 좌측 상단에서 떨어진 곳에 그려진다.

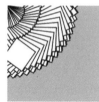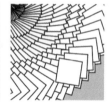

```
float angle = 0.0;

void setup() {
  size(120, 120);
}

void draw() {
  rotate(angle);
  translate(mouseX, mouseY);
  rect(-15, -15, 30, 30);
  angle += 0.1;
}
```

> ✎ rectMode(), ellipseMode(), imageMode() 그리고 shapeMode() 함수를
> 사용하면 도형의 기준점이 도형의 중심에 오도록 설정할 수 있다. 이와 관련해
> 서는 프로세싱 레퍼런스 사이트를 참고한다.

예제 6-7: 관절 표현하기

이번 예제에서는 translate()와 rotate() 함수를 적절하게 조합해서 구부러졌다가 펴지는 관절을 표현한다. 각 translate() 함수는 새로 옮긴 좌표 체계에 선이 그려지도록 만들고, 각 rotate() 함수는 관절이 구부러지는 모습을 표현한다. 한편, rotate()의 효과는 draw() 블록 안에서 누적되므로 작은 관절은 큰 관절보다 더 회전하게 된다.

```
float angle = 0.0;
float angleDirection = 1;
float speed = 0.005;

void setup() {
  size(120, 120);
}

void draw() {
  background(204);
  translate(20, 25); // 시작 위치로 옮긴다
  rotate(angle);
  strokeWeight(12);
  line(0, 0, 40, 0);
  translate(40, 0);  // 다음 관절의 위치로 옮긴다
  rotate(angle * 2.0);
  strokeWeight(6);
  line(0, 0, 30, 0);
  translate(30, 0);  // 다음 관절의 위치로 옮긴다
  rotate(angle * 2.5);
  strokeWeight(3);
  line(0, 0, 20, 0);

  angle += speed * angleDirection;
  if ((angle > QUARTER_PI) || (angle < 0)) {
    angleDirection = -angleDirection;
  }
}
```

angle 변수는 0부터 시작해서 QUARTER_PI(파이값의 1/4)까지 증가한 다음 다시 0이 될 때까지 줄어드는 과정을 반복한다. angleDirection 변수의 값은 항상 1 또는 -1로 정해진다. 이 값이 양수라면 angle 변수의 값은 증가하고 음수라면 감소한다.

축척 바꾸기

scale() 함수는 좌표 체계의 축척을 늘리거나 줄인다. 축척이 변함에 따라 좌표 체계도 팽창하거나 수축하므로 그 좌표 체계 위에 그려진 모든 도형들도 크기가 커지거나 작아지는 모습으로 표현된다. scale(1.5)로 설정하면 화면에 그려진 모든 것들이 원래의 크기보다 150% 크게 표현되고, scale(3)으로 설정하면 세 배로 크게 표현된다. scale(1)은 원래 크기인 100%로 표현한다는 의미이므로 도형에는 아무런 크기 변화도 일어나지 않는다. 한편, scale(0.5)는 모든 것의 크기를 반으로 줄여서 표현한다.

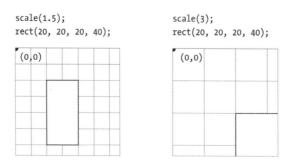

그림 6-3 좌표 체계의 축척

예제 6-8: 축척 바꾸기

rotate() 함수와 마찬가지로 scale() 함수도 좌표 체계의 원점을 기준으로 축척을 바꾼다. 그러므로 rotate()와 마찬가지로 도형의 중심을 기준으로 축척을 바꾸려면 translate() 함수로 좌표 체계의 원점을 옮기고 scale() 함수로 축척을 적용한 다음 도형의 중심이 좌표 체계의 원점에 오도록 그려야 한다.

 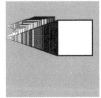 

```
void setup() {
  size(120, 120);
}

void draw() {
  translate(mouseX, mouseY);
  scale(mouseX / 60.0);
  rect(-15, -15, 30, 30);
}
```

예제 6-9: 테두리의 두께를 일정하게 유지하기

예제 6-8을 보면 scale() 함수가 도형의 테두리 두께에도 영향을 준다는 것을 알 수 있다. 축척이 변해도 테두리의 두께는 일정하게 유지하고 싶다면 희망하는 테두리 두께의 값을 축척의 값으로 나눈다.

```
void setup() {
  size(120, 120);
}

void draw() {
  translate(mouseX, mouseY);
  float scalar = mouseX / 60.0;
  scale(scalar);
  strokeWeight(1.0 / scalar);
  rect(-15, -15, 30, 30);
}
```

푸시와 팝

일부 도형에만 변형 함수들의 효과를 주려면 pushMatrix()와 pop Matrix() 함수를 사용한다. pushMatrix() 함수를 실행하면 현재의 좌표 체계가 복사되어 저장되고 popMatrix() 함수를 실행한 곳에서 좌표 체계가 복원된다. 이 기능은 스케치에 그려진 수많은 도형 중 선별적으로 변형 효과를 적용할 때 매우 유용하게 사용할 수 있다.

예제 6-10: 변형 효과를 선별적으로 적용하기

popMatrix() 함수로 translate(mouseX, mouseY) 함수의 효과를 제한 하는 덕분에 작은 사각형은 마우스의 위치에 영향을 받지 않고 항상 같은 위치에 그려진다.

```
void setup() {
  size(120, 120);
}

void draw() {
  pushMatrix();
  translate(mouseX, mouseY);
  rect(0, 0, 30, 30);
  popMatrix();
  translate(35, 10);
  rect(0, 0, 15, 15);
}
```

 pushMatrix()와 popMatrix() 함수는 반드시 짝을 맞춰서 사용해야 한다. 즉, 스케치에서 pushMatrix() 함수를 호출한 만큼 popMatrix() 함수도 호출해야 한다.

로봇 4: 옮기기, 회전하기, 축척 바꾸기

이 로봇 스케치에는 translate(), rotate() 그리고 scale() 함수가 모두 사

용됐다. 87쪽의 '로봇 3: 반응'에 비해 이번에는 translate() 함수를 사용해서 코드의 가독성을 높였다. 이 스케치에서는 translate() 함수로 도형들의 위치를 옮기고 있으므로 변수 x의 값을 사용하거나 수정하지 않는다.

마찬가지로 로봇의 크기는 scale() 함수 하나로 조정한다. 마우스를 누르지 않으면 로봇의 크기는 원래 크기의 60% 축척으로 설정되지만 마우스를 누르면 100% 축척으로 바뀐다.

for 반복문 안에 있는 rotate() 함수는 선을 하나 그린 다음 좌표 체계를 약간 회전시키고 또 하나의 선을 그린 다음 좌표 체계를 회전시키는 방식으로 작동해서 결국 로봇의 머리를 둘러싸는 30개의 근사한 선을 만들어 낸다.

```
float x = 60;            // x 좌표
float y = 440;           // y 좌표
int radius = 45;         // 머리의 반지름
int bodyHeight = 180;    // 몸통의 세로
int neckHeight = 40;     // 목의 세로
```

```
float easing = 0.04;

void setup() {
  size(360, 480);
  ellipseMode(RADIUS);
}

void draw() {
  strokeWeight(2);

  float neckY = -1 * (bodyHeight + neckHeight + radius);

  background(0, 153, 204);
  translate(mouseX, y);  // (mouseX, y) 모든 도형을 옮김

  if (mousePressed) {
    scale(1.0);
  } else {
    scale(0.6);  // 마우스를 누르면 60% 척도로 바꿈
  }

  // 몸통
  noStroke();
  fill(255, 204, 0);
  ellipse(0, -33, 33, 33);
  fill(0);
  rect(-45, -bodyHeight, 90, bodyHeight-33);

  // 목
  stroke(255);
  line(12, -bodyHeight, 12, neckY);

  // 머리카락
  pushMatrix();
  translate(12, neckY);
  float angle = -PI/30.0;
  for (int i = 0; i <= 30; i++) {
    line(80, 0, 0, 0);
    rotate(angle);
  }
  popMatrix();

  // 머리
  noStroke();
  fill(0);
  ellipse(12, neckY, radius, radius);
  fill(255);
  ellipse(24, neckY-6, 14, 14);
  fill(0);
  ellipse(24, neckY-6, 3, 3);
}
```

7
미디어

프로세싱은 단순한 선이나 도형들 외에도 매우 많은 것을 화면에 표현할 수 있다. 이번 장에서는 비트맵 이미지 파일, 벡터 이미지 파일, 그리고 글꼴을 프로그램에 추가하는 방법을 익히고, 나아가 사진, 도표, 그리고 다양한 서체에 이르기까지 우리의 시각적 표현 영역을 확장해 본다.

프로세싱 스케치에 이미지, 사운드, 글꼴 등의 미디어 파일을 불러와서 사용하려면 먼저 미디어 파일을 스케치의 data라는 폴더에 저장해야 한다. data 폴더는 스케치 폴더 안에 만들어지므로 스케치 폴더를 옮기거나 내보내기를 해도 미디어 파일의 경로가 달라지거나 잘못될까봐 걱정할 필요는 없다. 이번 장에서 사용할 미디어 파일은 다음 링크를 통해 다운로드할 수 있다. *http://www.processing.org/learning/books/media.zip.*

파일을 다운로드한 다음에는 압축을 풀고 바탕화면(또는 사용하기 편한 위치)으로 옮긴다.

새로운 스케치를 만든 다음 스케치 메뉴에서 스케치 불러오기를 선택한다. 그리고 media 폴더 안에 있는 lunar.jpg 파일을 찾아서 연다. 파일을 제대로 불러와서 스케치 폴더에 추가했는지 확인하려면 스케치 폴더를 열고 그 안에 있는 data 폴더에 불러온 파일이 있는지 본다.

스케치 폴더를 열려면 스케치 메뉴에서 '스케치 폴더 열기'를 선택한다(단축키를 사용할 수 있다. 윈도우 사용자는 Ctrl-K, 맥 사용자는 Cmd-K를 누른다). 파일을 제대로 추가했다면 스케치 폴더 안에 data 폴더가 있고 그 안에 lunar.jpg 파일이 있을 것이다. 이처럼 스케치에 파일을 추가하면 data 폴더가 자동으로 만들어지고 추가한 파일의 복사본이 data 폴더 안에 들어간다. 한편, 스케치 불러오기 메뉴를 이용하는 대신 프로세싱 창의 텍스트 편집기 영역에 추가할 파일을 끌어다 놓아도 data 폴더에 파일을 복사할 수 있다. 파일을 추가하면 '스케치에 1개의 파일이 추가되었습니다.'라는 메시지가 메시지 영역에 출력된다.[1]

프로세싱 창에서 파일을 추가하는 대신 맥의 파인더나 윈도우의 탐색기에서 파일을 직접 data 폴더에 복사해 넣을 수도 있다. 이 경우에

---

1 파일을 추가하는 방법이나 운영체제에 따라서는 메시지 영역에 아무런 문구도 출력되지 않을 수 있다.

는 메시지 영역에는 아무런 문구도 출력되지 않는다. 이 방법은 복사할 파일이 많은 경우에 유용하게 활용할 수 있다.

> ✎ 윈도우나 맥 운영체제는 기본적으로 파일의 확장자를 표시하지 않도록 설정되어 있다. 프로세싱 작업을 할 때는 이 설정을 바꿔서 파일의 확장자가 보이도록 하는 편이 좋다. 맥의 운영체제에서는 Finder 메뉴의 환경설정을 열고 고급 탭에서 '모든 파일 확장자 보기'를 체크한다. 윈도우에서는 폴더 메뉴→구성→폴더 및 검색 옵션을 클릭한 다음 보기 탭에서 '알려진 파일 형식의 파일 확장명 숨기기'의 체크를 해제한다.

비트맵 이미지

화면에 비트맵 이미지 파일을 표시하려면 다음의 세 단계를 따라야 한다.

1. 비트맵 이미지 파일을 data 폴더에 추가한다(앞에서 설명한 내용 참고).
2. 이미지 데이터를 저장할 수 있는 PImage 자료형의 변수를 만든다.
3. loadImage() 함수를 사용해서 data 폴더에 있는 이미지 파일을 이미지 변수에 불러온다.

예제 7-1: 이미지 불러오기

이미지 파일을 불러오는 세 단계를 수행한 다음에는 image() 함수를 사용해서 변수에 저장된 이미지를 화면에 표시해야 한다. image() 함수의 첫 번째 매개변수 자리에는 화면에 표시할 이미지 변수를 기입한다. 두 번째와 세 번째 매개변수 자리에는 이미지를 표시할 x 좌표와 y 좌표의 값을 넣는다.

```
PImage img;

void setup() {
  size(480, 120);
  img = loadImage("lunar.jpg");
}

void draw() {
  image(img, 0, 0);
}
```

네 번째와 다섯 번째 매개변수를 사용할 수도 있다. 네 번째와 다섯 번째 매개변수를 사용하면 화면에 표시되는 이미지의 가로 및 세로 크기를 바꿀 수 있다. 네 번째와 다섯 번째 매개변수를 사용하지 않으면 이미지는 파일 크기 그대로 화면에 표시된다.

이어지는 예제에서는 하나의 프로그램에서 두 개 이상의 이미지를 사용하는 방법과 이미지의 용량을 바꾸는 방법을 알아본다.

예제 7-2: 두 개 이상의 이미지 표시하기

이번 예제를 정상적으로 실행하려면 lunar.jpg 파일은 물론 capsule.jpg 파일(다운로드한 media 폴더에 있다)도 스케치에 폴더에 추가해야 한다. 이미지 파일을 스케치 폴더에 추가하는 방법을 잊었다면 이 장의 도입부를 참고한다.

```
PImage img1;
PImage img2;

void setup() {
  size(480, 120);
  img1 = loadImage("lunar.jpg");
  img2 = loadImage("capsule.jpg");
}

void draw() {
  image(img1, -120, 0);
  image(img1, 130, 0, 240, 120);
  image(img2, 300, 0, 240, 120);
}
```

예제 7-3: 이미지 크기를 마우스로 조정하기

image() 함수의 네 번째 및 다섯 번째 매개변수 자리에 mouseX 및
mouseY의 값을 넣으면 마우스의 움직임에 따라 이미지의 크기가 바
뀐다.

```
PImage img;

void setup() {
  size(480, 120);
  img = loadImage("lunar.jpg");
}
```

```
void draw() {
  background(0);
  image(img, 0, 0, mouseX * 2, mouseY * 2);
}
```

> ✏️ 이미지를 실제 파일의 크기보다 더 크거나 작게 표시하면 이미지가 왜곡된 모
> 습으로 보일 수 있다. 따라서 이미지 파일은 프로그램에 사용할 크기에 맞게 준
> 비하는 것이 좋다. 한편, image() 함수로 이미지의 크기를 바꾸더라도 화면에
> 표시되는 모습만 바뀔 뿐, 이미지 파일 자체의 크기에는 아무런 영향이 없다.

프로세싱은 JPEG, PNG 그리고 GIF와 같은 형식의 비트맵 이미지를
불러와서 화면에 표시할 수 있다. (SVG 형식과 같은 벡터 이미지는 비
트맵 이미지와는 달리 114쪽의 '벡터 이미지'에서 설명하는 방식대로
불러와서 표시해야 한다.) GIMP 및 포토샵 같은 프로그램을 사용하면
JPEG, PNG 그리고 GIF 형식의 이미지 파일을 다른 형식의 파일로 변
환할 수 있다. 디지털 카메라로 촬영해서 저장한 JPEG 사진은 대부분
프로세싱의 디스플레이 창보다 훨씬 큰 경우가 많다. 따라서 디지털
카메라로 촬영한 이미지를 프로세싱에서 사용하려면 data 폴더에 넣
기 전에 크기를 조금 줄이는 것이 좋다. 그래야 프로세싱도 훨씬 원활
하게 프로그램을 실행할 수 있다.

　GIF 및 PNG 이미지는 투명도를 지원한다. 즉, 이미지에 투명한 픽
셀이나 반투명한 픽셀이 있을 수 있다(투명한 색채에 대해서는 33쪽
의 예제 3-17부터 다루고 있는 유채색 및 알파값을 참조한다). GIF 이
미지는 1 비트의 투명도를 지원한다. 이는 픽셀이 완전히 투명하거나
완전히 불투명할 수 있다는 의미다. 그에 비해 PNG 이미지는 8비트
의 투명도를 지원한다. 이는 픽셀이 다양한 단계의 불투명도를 가질

수 있다는 의미다. 이어지는 예제들은 media 폴더에 있는 clouds.gif와 clouds.png 파일을 각각 화면에 표시해서 GIF 이미지와 PNG 이미지 사이의 불투명도 차이를 비교한다. 예제를 실행하기 전에 잊지 말고 두 이미지 파일을 data 폴더에 추가한다.

예제 7-4: GIF 파일의 투명도

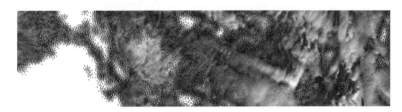

```
PImage img;

void setup() {
  size(480, 120);
  img = loadImage("clouds.gif");
}

void draw() {
  background(255);
  image(img, 0, 0);
  image(img, 0, mouseY * -1);
}
```

예제 7-5: PNG 파일의 투명도

```
PImage img;

void setup() {
  size(480, 120);
  img = loadImage("clouds.png");
}

void draw() {
  background(204);
  image(img, 0, 0);
  image(img, 0, mouseY * -1);
}
```

> 🖉 이미지 파일을 불러올 때는 파일의 이름은 물론 .gif, .jpg 또는 .png와 같은 파
> 일의 확장자도 함께 표기해야 한다. 또한 이미지의 이름과 확장자명은 파일의
> 이름 및 확장자명과 완전하게 일치해야 한다. 가령, 파일의 확장자가 대문자로
> 표기되어 있다면 불러올 때도 대문자로 표기해야 한다. 파일의 확장자가 보이
> 지 않는다면 이 장의 도입부에 설명한 설정 과정을 참고하여 폴더에서 확장자
> 를 볼 수 있도록 한다.

글꼴

프로세싱은 텍스트에 트루타입(TrueType, .ttf) 글꼴, 오픈타입(Open-
Type, .otf) 글꼴 그리고 VLW(Visual Language Workshop)라고 하는
사용자 정의 비트맵 글꼴을 적용할 수 있다. 이어지는 예제에서는 트
루타입 글꼴인 SourceCodePro-Regular.ttf 파일을 data 폴더에서 불러
와서 텍스트에 적용한다. 이 글꼴은 앞서 다운로드했던 media 폴더 안
에 들어 있다.

> 🖉 개방형 라이선스 글꼴을 제공하는 사이트가 있다. 아래의 사이트를 방문해서
> 마음에 드는 글꼴을 다운로드해서 프로세싱에서 사용해 보도록 하자:

- 구글 폰트(*https://fonts.google.com*)
- 오픈 폰트 라이브러리(*https://fontlibrary.org*)
- 리그 오브 무버블 타입(*https://www.theleagueofmoveabletype.com*)

이제 글꼴을 불러와서 스케치에 추가하는 방법을 알아본다. 글꼴을 불러오는 방법은 이미지를 불러오는 방법과 비슷하지만 추가적인 단계가 하나 더 있다.

1. 글꼴을 스케치의 data 폴더에 추가한다(data 폴더에 파일을 추가하는 방법은 이 장의 도입부를 참고한다).
2. 글꼴을 저장할 수 있는 PFont 자료형 변수를 만든다.
3. createFont() 함수로 글꼴을 만들어서 PFont 자료형 변수에 저장한다. createFont() 함수는 글꼴 파일을 읽어서 프로세싱에서 사용할 수 있는 특정한 글꼴 크기로 변환한다.
4. textFont() 함수로 기본 글꼴을 설정한다.

예제 7-6: 글꼴 사용하기

화면에 글자를 표시하려면 text() 함수를 사용한다. 글자의 크기를 설정할 때는 textSize() 함수를 사용한다.

```
PFont font;

void setup() {
  size(480, 120);
  font = createFont("SourceCodePro-Regular.ttf", 32);
  textFont(font);
}

void draw() {
  background(102);
  textSize(32);
  text("That's one small step for man...", 25, 60);
  textSize(16);
  text("That's one small step for man...", 27, 90);
}
```

text() 함수의 첫 번째 매개변수 자리에는 화면에 표시할 글자(들)을 넣는다. 이 글자들은 큰따옴표로 감싸야 한다. 두 번째와 세 번째 매개변수로는 글자의 수평 및 수직 위치를 설정한다. 글자의 기준점은 글자의 하단선 좌측이다(그림 7-1).

그림 7-1. 글자의 기준점

예제 7-7: 글상자 사용하기

text() 함수에 네 번째와 다섯 번째 매개변수를 추가하면 글자가 표시되는 상자 모양의 영역을 설정할 수 있다. 설정한 가로 크기보다 긴 문자열은 자동으로 줄바꿈 처리된다. 한편, 글자가 너무 많아서 글자를 표시하는 영역을 초과하면 마지막 글자는 표시되지 않을 수도 있으니 글자의 표시 영역을 설정할 때는 주의해야 한다.

```
That's one small
step for man...
```

```
PFont font;

void setup() {
  size(480, 120);
  font = createFont("SourceCodePro-Regular.ttf", 24);
  textFont(font);
}

void draw() {
  background(102);
  text("That's one small step for man...", 26, 24, 240, 100);
}
```

예제 7-8: 문자열 변수에 글자 저장하기

앞의 예제에서는 화면에 표시할 글자들을 직접 text() 함수 안에 표기
했다. 하지만 이렇게 코드를 작성하면 가독성이 떨어지기 쉽다. 그에
비해 글자들을 변수에 저장해서 사용하면 코드의 가독성을 높일 수 있
을 뿐만 아니라 코드를 보다 모듈화할 수 있어 관리하기도 좋다. 문자
열 데이터는 String 자료형에 저장한다. 이번 예제에서는 String 자료형
변수를 사용해서 앞의 예제를 새롭게 고쳐 쓴다.

```
PFont font;
String quote = "That's one small step for man...";

void setup() {
  size(480, 120);
  font = createFont("SourceCodePro-Regular.ttf", 24);
  textFont(font);
}

void draw() {
  background(102);
  text(quote, 26, 24, 240, 100);
}
```

이 책에서 살펴본 함수들 외에도, 프로세싱에는 글자의 모습에 영향을
주는 함수들이 많이 있다. 이에 대해서는 프로세싱 레퍼런스의 Typog-
raphy 범주를 참고하도록 한다.

벡터 이미지

잉크스케이프나 일러스트레이터 같은 프로그램으로 만든 벡터 도형도
프로세싱에 불러와서 화면에 표시할 수 있다. 즉, 프로세싱의 함수로
그리지 않은 도형도 얼마든지 프로세싱에서 사용할 수 있다. 벡터 이
미지를 불러오려면 먼저 스케치 폴더에 파일을 추가해야 한다.

　SVG 벡터 파일을 불러오려면 다음의 세 단계를 밟는다.

1.　SVG 파일을 스케치의 data 폴더에 추가한다.
2.　벡터 파일을 저장할 수 있는 PShape 자료형 변수를 만든다.
3.　loadShape() 함수로 벡터 파일을 불러와서 변수에 할당한다.

예제 7-9: 벡터 이미지 사용하기

이번 예제에서는 벡터 파일을 불러오는 단계에 따라 SVG 파일을 불러
와서 화면에 표시한다. SVG 파일을 화면에 표시할 때는 shape() 함수
를 사용한다.

```
PShape network;

void setup() {
  size(480, 120);
  network = loadShape("network.svg");
}

void draw() {
  background(0);
  shape(network, 30, 10);
  shape(network, 180, 10, 280, 280);
}
```

shape() 함수의 매개변수는 image() 함수의 매개변수와 비슷하다. 첫
번째 매개변수 자리에는 SVG 파일을 저장하고 있는 PShape 자료형 변
수를 쓴다. 그 다음의 두 매개변수는 이미지가 표시될 위치를 설정한
다. 선택적으로 사용할 수 있는 네 번째와 다섯 번째 매개변수로는 화
면에 표시될 이미지의 가로 및 세로 크기를 설정할 수 있다.

예제 7-10: 벡터 이미지와 축척

비트맵 이미지와 다르게 벡터 도형은 아무리 축척을 늘려도 해상도의
손실이 일어나지 않는다. 이번 예제에서는 mouseX 변수의 값으로 도
형의 축척을 바꾼다. 그리고 도형의 축척이 바뀌더라도 도형이 화면의
중앙에 머무를 수 있도록 shapeMode() 함수로 도형의 기준점을 좌측
상단에서 도형의 중심으로 설정한다.

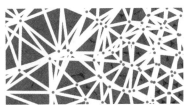

```
PShape network;

void setup() {
  size(240, 120);
  shapeMode(CENTER);
  network = loadShape("network.svg");
}

void draw() {
  background(0);
  float diameter = map(mouseX, 0, width, 10, 800);
  shape(network, 120, 60, diameter, diameter);
}
```

🖊 프로세싱은 SVG 형식의 기능을 전부 지원하지는 않는다. 이와 관련해서는 프로세싱 레퍼런스의 PShape 항목을 참고하도록 한다.

예제 7-11: 새로운 벡터 도형 만들기

createShape() 함수를 사용하면 data 폴더에 있는 도형을 불러오는 대신 새로운 도형을 만들어서 사용할 수 있다. 이번 예제에서는 37쪽의 예제 3-21에서 보았던 동물이 다시 등장한다. 동물의 도형은 setup() 함수에서 만든다. 일단 도형을 만들어두면 프로그램 상의 어디에서든지 shape() 함수로 도형을 표시할 수 있다.

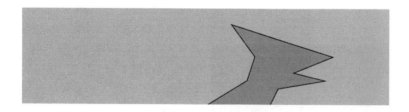

```
PShape dino;

void setup() {
  size(480, 120);
  dino = createShape();
  dino.beginShape();
```

```
  dino.fill(153, 176, 180);
  dino.vertex(50, 120);
  dino.vertex(100, 90);
  dino.vertex(110, 60);
  dino.vertex(80, 20);
  dino.vertex(210, 60);
  dino.vertex(160, 80);
  dino.vertex(200, 90);
  dino.vertex(140, 100);
  dino.vertex(130, 120);
  dino.endShape();
}

void draw() {
  background(204);
  translate(mouseX - 120, 0);
  shape(dino, 0, 0);
}
```

같은 도형을 여러 번 만드는 경우에는 createShape() 함수로 PShape 자료형의 사용자 정의 도형을 만드는 편이 스케치의 효율성을 높이는 데 도움이 될 수 있다.

로봇 5: 미디어

지금까지의 로봇들은 프로세싱에 내장된 line(), ellipse(), rect() 등의
함수로 그렸다. 하지만 이번 장의 로봇들은 외부에서 벡터 이미지 프
로그램으로 만들었다. 도형에 따라서는 코드로 좌표를 정의해서 그리
는 방식보다 잉크스케이프나 일러스트레이터 같은 소프트웨어 도구에
서 마우스로 그리는 편이 더 편할 때도 있다.

한편, 이미지를 만드는 기법 사이에는 서로 장단점이 있다. 프로세
싱에서 코드로 도형을 정의하는 기법을 이용하면 프로그램이 실행되
는 동안 도형 변형 작업을 훨씬 쉽고 자유롭게 할 수 있다. 그에 비해
외부의 드로잉 도구를 사용해서 만든 파일을 프로세싱으로 불러와서
화면에 표시하는 방식을 이용하면 도형을 변형하는 자유도가 상당 부
분 떨어진다. 도형의 위치, 각도, 크기 정도만 변화를 줄 수 있을 뿐이
다. 이번 예제에서와 같이 SVG 파일을 불러와서 로봇을 표시하는 경
우에도 로봇 2(58쪽의 '로봇 2: 변수' 참고)에 비하면 변형의 자유도가
상당히 줄어들었다.

프로세싱은 다른 프로그램에서 만든 이미지나 카메라로 촬영한 이
미지를 불러와서 표시할 수 있다. 외부에서 불러온 이미지를 배경으로
한 우리의 로봇들은 20세기 초의 노르웨이에서 생명체를 탐사하고 있
는 중이다.

이 예제에서 사용하고 있는 SVG 및 PNG 파일은 다음 링크를 통해 다
운로드할 수 있다. *http://www.processing.org/learning/books/media.zip*

```
PShape bot1;
PShape bot2;
PShape bot3;
PImage landscape;

float easing = 0.05;
float offset = 0;
```

```
void setup() {
  size(720, 480);
  bot1 = loadShape("robot1.svg");
  bot2 = loadShape("robot2.svg");
  bot3 = loadShape("robot3.svg");
  landscape = loadImage("alpine.png");
}

void draw() {
  // 배경을 'landscape' 이미지로 설정한다
  // 이 이미지의 가로 및 세로 크기는
  // 디스플레이 창의 가로 및 세로 크기와 일치해야 한다
  background(landscape);

  // 왼쪽 및 오른쪽의 offset을 설정하고 easing 기법을 적용해서
  // 변환이 부드럽게 일어나도록 한다
  float targetOffset = map(mouseY, 0, height, -40, 40);
  offset += (targetOffset - offset) * easing;

  // 왼쪽 로봇을 그린다
  shape(bot1, 85 + offset, 65);

  // 오른쪽 로봇은 조금 더 작게 그리고 offset도 줄인다
  float smallerOffset = offset * 0.7;
  shape(bot2, 510 + smallerOffset, 140, 78, 248);

  // 가장 작은 로봇을 그리고 offset을 더 줄인다
  smallerOffset *= -0.5;
  shape(bot3, 410 + smallerOffset, 225, 39, 124);
}
```

8

움직임

어렸을 때 플립 북(flip book)[1]을 갖고 논 기억이 있을 것이다. 플립 북의 각 페이지에는 정적인 그림이 한 장면씩 그려져 있다. 하지만 책장을 주르륵 넘기면 마치 마법처럼 그림이 살아나 움직인다. 프로세싱의 애니메이션도 같은 원리로 작동한다. 첫 프레임에서 하나의 장면을 보여주고, 다음 프레임에서는 조금 다른 모습을 보여주고, 그다음 프레임에서도 조금 다른 장면을 보여주는 작동을 빠르게 진행하면, 우리 눈에는 마치 움직이는 장면처럼 보인다. 이처럼 각 프레임에 조금씩 다르게 그려진 이미지가 부드럽게 연결되어 마치 움직이는 것 같아 보이는 이유는 잔상효과(persist of vision)가 작용하기 때문이다. 우리의 뇌는 약간씩 다른 이미지를 충분히 빠를 속도로 보면 이미지들이 움직인다고 인식한다.

---

1 (옮긴이) 움직임의 한 장면 한 장면을 연속적으로 공통된 규격의 종이에 그린 다음 그것을 연이어 넘겼을 때 마치 그림이 움직이는 것처럼 보이게 하는 애니메이션 기구. (출처: 다음 백과 *http://100.daum.net/encyclopedia/view/99XX32201564*)

프레임

프로세싱은 draw() 블록의 코드를 1초에 약 60프레임씩 실행한다. 덕분에 프로세싱은 부드러운 애니메이션 효과를 구현할 수 있다. 프레임(frame)이란 draw() 블록의 코드를 한 번 실행하는 단위를 지칭한다. 프레임 속도(frame rate)란 1초에 그려지는 프레임의 수를 의미한다. 그러므로 어떤 프로그램이 프레임을 초당 60회 그린다는 말은 draw() 안에 있는 모든 코드를 초당 60번 실행한다는 의미가 된다.

예제 8-1: 프레임 속도 확인하기

다음 코드를 실행하면 프레임 속도가 콘솔에 출력되는 모습을 볼 수 있다. frameRate 변수는 프로세싱에 내장된 변수로 현재 프로그램이 작동하는 속도, 즉 프레임 속도를 추적한다.

```
void draw() {
  println(frameRate);
}
```

예제 8-2: 프레임 속도 설정하기

frameRate() 함수를 이용하면 프레임 속도를 바꿀 수 있다. 코드에 있는 frameRate() 함수의 주석을 번갈아 풀어서 프레임의 속도를 다르게 설정해가며 콘솔에 출력되는 값이 어떻게 달라지는지 확인해 보자.

```
void setup() {
  frameRate(30);    // 초당 30프레임
  //frameRate(12);  // 초당 12프레임
  //frameRate(2);   // 초당 2프레임
  //frameRate(0.5); // 2초에 1프레임
}

void draw() {
  println(frameRate);
}
```

✎ 프레임 속도를 별다르게 바꾸지 않는 한, 프로세싱은 초당 60프레임씩 코드를 실행하려 한다. 하지만 draw() 안의 코드를 1/60초 이내에 실행하기 어려운 상황에서는 프레임의 속도가 떨어진다. 가령, frameRate(60)으로 설정했더라도 매 프레임마다 새로운 글꼴을 하드드라이브에서 불러와야 한다면 프로세싱은 draw() 블록을 1/60초 이내에 실행하기 어렵기 때문에 프레임 속도는 떨어진다. frameRate() 함수는 최대 프레임 속도를 정하는 함수일 뿐, 프로그램의 실제 프레임 속도는 코드의 내용이나 컴퓨터의 성능에 따라 달라질 수 있다.

속도와 방향

float 자료형을 사용하면 느린 움직임을 보다 부드럽게 표현할 수 있다. float 자료형은 소수점이 있는 숫자를 저장할 수 있으므로 int 자료형에 비해 더 높은 해상도로 움직임을 구현할 수 있기 때문이다. 가령, int 자료형의 경우 프레임당 최저 속도는 1픽셀(1, 2, 3, 4...)이다. 하지만 float 자료형의 경우에는 프레임당 최저 속도를 원하는 만큼 더 낮출 수 있다(1.01, 1.02, 1.03, 1.04...).

예제 8-3: 도형 움직이기

이번 예제에서는 프레임마다 도형의 x 변수를 조금씩 바꿔서, 결과적으로 도형을 화면의 왼쪽에서 오른쪽으로 움직이게 한다.

```
int radius = 40;
float x = -radius;
float speed = 0.5;

void setup() {
  size(240, 120);
  ellipseMode(RADIUS);
}

void draw() {
  background(0);
  x += speed; // x의 값을 증가시킨다
  arc(x, 60, radius, radius, 0.52, 5.76);
}
```

이 예제를 실행하면 도형이 오른쪽으로 계속 움직여서 화면의 오른쪽
경계를 벗어나게 된다. 이는 도형의 x 변수가 계속 증가해서 어느 순간
에는 디스플레이 창의 가로 크기보다 커지기 때문이다. 스케치를 실행
하고 있는 동안 도형의 x값은 계속 증가하므로 어느 순간이 되면 도형
은 화면에서 완전히 사라지게 된다.

예제 8-4: 원위치로 되돌리기

화면의 가장자리로 나가버린 도형을 다시 화면에 나타나게 하는 기법
은 다양하다. 따라서 자신의 상황과 취향에 따라 기법을 선택해서 사용
하면 된다. 도형이 화면의 오른쪽을 지나쳐 사라졌을 때 다시 화면의
왼쪽에서 나타나게 하는 기법을 하나 살펴보도록 하자. 화면을 납작해
진 원통이라고 가정하고, 도형이 원통의 둘레를 돌아 제자리로 돌아오
는 모습을 상상하면 이번 예제를 조금 쉽게 이해할 수 있을 것이다.

```
int radius = 40;
float x = -radius;
float speed = 0.5;

void setup() {
  size(240, 120);
  ellipseMode(RADIUS);
}

void draw() {
  background(0);
  x += speed; // x의 값을 증가시킨다
  if (x > width+radius) { // 도형이 화면의 오른쪽으로 나가면
    x = -radius; // 화면의 왼쪽으로 옮긴다
  }
  arc(x, 60, radius, radius, 0.52, 5.76);
}
```

이번 예제에는 매번 draw()가 실행될 때마다 x값의 크기와 화면의 가로 크기(에 도형의 반지름을 더한 크기)를 비교하는 코드가 있다. 그래서 만약 x의 값이 더 크다면 x의 값에 음수(-radius)를 할당한다. 이렇게 하면 도형은 화면의 왼쪽(-radius)으로 옮겨지고 그곳에서 다시 오른쪽을 향해 움직이는 운동을 계속한다.

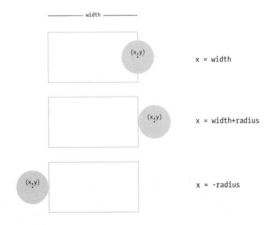

그림 8-1 도형의 x 좌표와 창의 가장자리와의 관계를 표현한 수식

예제 8-5: 벽에 닿으면 되돌아오게 하기

이번 예제에서는 123쪽의 예제 8-4를 고쳐서, 도형이 화면의 오른쪽으로 나가면 원래의 위치인 왼쪽에서 나타나는 대신 방향을 바꿔 왼쪽을 향해 움직이게 만든다. 이런 작동을 구현하려면 새로운 변수를 만들어서 도형이 움직이는 방향을 저장해 둬야 한다. 만약 방향이 1이라면 도형은 오른쪽으로 움직이고 방향이 -1이라면 도형은 왼쪽으로 움직인다.

```
int radius = 40;
float x = 110;
float speed = 0.5;
int direction = 1;

void setup() {
  size(240, 120);
  ellipseMode(RADIUS);
}

void draw() {
  background(0);
  x += speed * direction;
  if ((x > width-radius) || (x < radius)) {
    direction = -direction; // 방향을 바꾼다
  }
  if (direction == 1) {
    arc(x, 60, radius, radius, 0.52, 5.76); // 오른쪽을 향한 모습
  } else {
    arc(x, 60, radius, radius, 3.67, 8.9); // 왼쪽을 향한 모습
  }
}
```

코드를 보면, 도형이 가장자리에 닿았을 때 direction 변수의 부호가 바뀐다. 즉, 도형이 움직이는 방향은 부호에 의해 결정된다는 것을 알 수 있다. 만약 도형이 가장자리에 닿기 직전의 direction 변숫값이 양수였다면 가장자리에 닿는 순간 음수로 바뀌고 덕분에 반대 방향으로 움직이게 된다.

트위닝

도형이 화면의 한 지점을 출발해서 다른 한 지점을 향해 동일한 속도로 움직이게 만들 수도 있다. 이렇게 정해진 구간 사이를 등속으로 움직이는 운동을 트위닝(tweening)이라고 한다. 트위닝을 구현하려면 우선 출발점의 좌표와 도착점의 좌표를 설정하고, 매 프레임마다 일정한 비율로 도착점을 향해 움직이게 한다.

예제 8-6: 트위닝 구현하기

이 예제에서는 모듈화를 염두에 두고 일부러 변수들을 코드의 맨 위에 모아뒀다. 변수들의 값을 조금씩 바꾸며 코드를 실행해 보고 어떤 변수가 어떤 영향을 미치는지 관찰해 보자. 가령, startX와 startY, stopX와 stopY 변수는 각각 출발점과 도착점의 좌표에 영향을 준다. x 및 y는 원의 현재 좌표가 저장되는 변수이며, 초깃값은 출발점의 좌표로 설정되어 있다. step은 매 프레임마다 출발점에서 도착점을 향해 움직이는 단위를 정하는 값이다. 가령, 출발점과 도착점 사이의 거리를 1이라고 했을 때 step의 값이 0.005라면, 출발점과 도착점 사이를 200등분으로 나눠서 매 프레임마다 한 단위씩 이동한다는 의미다. step의 값이 커지면(최대 1.0까지 설정할 수 있다) 그만큼 도착점에 빨리 도착한다. 한편, 도착점에 도달했는지의 여부는 pct(퍼센트)의 값으로 확인한다. 만약 pct의 값이 1.0보다 작다면 아직 도착하지 않은 것이니 계속 움직여야 한다.

```
int startX = 20;    // 출발점의 x 좌표
int stopX = 160;    // 도착점의 x 좌표
int startY = 30;    // 출발점의 y 좌표
int stopY = 80;     // 도착점의 y 좌표
float x = startX;   // 현재의 x 좌표
float y = startY;   // 현재의 y 좌표
float step = 0.005; // 매 프레임마다 움직일 비율
                    // 최댓값은 1.0임
float pct = 0.0; // 현재 이동한 총비율
                 // 출발점에서의 비율은 0.0이고
                 // 도착점에서의 비율은 1.0임
void setup() {
  size(240, 120);
}
void draw() {
  background(0);
  if (pct < 1.0) {
    x = startX + ((stopX-startX) * pct);
    y = startY + ((stopY-startY) * pct);
    pct += step;
  }
  ellipse(x, y, 20, 20);
}
```

난수

컴퓨터가 구현하는 움직임은 보통 규칙적이거나 선형적인 모습이다. 그에 비해 우리가 살고 있는 물리적인 세계에서 볼 수 있는 움직임은 기이하거나 특이한 모습인 경우가 일반적이다. 가령, 나뭇잎이 떨어지는 움직임만 하더라도 지금까지 우리가 프로세싱으로 구현한 움

직임에 비하면 매우 불규칙해 보인다. 또한 땅을 기어가는 개미도 직선으로 움직이지는 않는다. 그렇다고 이처럼 예측하기 어렵고 기이한 움직임을 컴퓨터로 구현할 수 없다는 의미는 아니다. 난수(random numbers)를 사용하면 제멋대로 움직이는 것과 같은 자연계의 물리적인 모습을 시뮬레이션할 수 있다. 난수는 random() 함수로 만들 수 있다. 원하는 범위 안에서 난수를 만들고 싶다면 매개변수의 값을 조정한다.

예제 8-7: 난수 만들기

난수를 콘솔에 출력하는 짧은 예제를 보도록 하자. 이 예제에서는 난수가 발생하는 범위를 마우스의 수평 위치로 설정하고 있다. random() 함수가 반환하는 난수의 자료형은 float, 즉 부동소수점수다. 따라서 할당 연산자(=) 좌변의 변수도 항상 float 자료형이어야 한다.

```
void draw() {
  float r = random(0, mouseX);
  println(r);
}
```

예제 8-8: 불규칙한 수직선 그리기

이번 예제에서는 예제 8-7을 토대로 여러 개의 선을 그린다. 즉, random() 함수로 난수를 만들어서 선의 시작점과 끝점의 x 좌표에 반영한다. 마우스를 화면의 왼쪽으로 움직이면 random()의 범위가 줄어든다. 그 덕분에 선의 떨림도 줄어들고 선은 점차 수직선 모양으로 바로 선다. 하지만 마우스를 오른쪽으로 가져갈수록 난수의 편차는 커지고, 덕분에 선은 더욱 불규칙하게 떨린다. random() 함수가 for 반복문 안에 있기 때문에 for 반복문 블록이 매번 실행될 때마다 새로운 난수가 만들어져서 선의 위치에 반영된다.

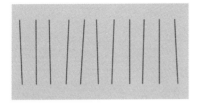 

```
void setup() {
  size(240, 120);
}

void draw() {
  background(204);
  for (int x = 20; x < width; x += 20) {
    float mx = mouseX / 10;
    float offsetA = random(-mx, mx);
    float offsetB = random(-mx, mx);
    line(x + offsetA, 20, x - offsetB, 100);
  }
}
```

예제 8-9: 도형을 불규칙하게 움직이기

난수를 도형의 움직임에 반영하면 마치 생물이 변덕스럽게 움직이는
것 같은 모습을 구현할 수 있다. 이번 예제에서는 매번 draw()가 실행
될 때마다 원의 위치를 난수만큼 바꾼다. 덕분에 원은 불규칙하게 움
직이는 것 같아 보인다. 한편, 원이 움직이는 궤적을 보다 잘 확인할
수 있도록 background() 함수는 사용하지 않았다.

```
float speed = 2.5;
int diameter = 20;
```

```
float x;
float y;

void setup() {
  size(240, 120);
  x = width/2;
  y = height/2;
}

void draw() {
  x += random(-speed, speed);
  y += random(-speed, speed);
  ellipse(x, y, diameter, diameter);
}
```

이 예제를 실행하고 가만히 놔두면 어느 순간 원이 디스플레이 창의
가장자리를 오가거나 아예 벗어나서 돌아오지 않을 수도 있다. 이는
우연히 그렇게 되는 것이지만 if 조건문이나 constrain() 함수를 추가하
면 원이 화면을 벗어나지 않게 만들 수 있다. constrain() 함수를 사용
하면 어떤 값이 특정한 범위를 벗어나지 않게 제한할 수 있다. 이 함수
로 원의 x 및 y 값에 제한을 걸어서 화면의 가로 및 세로 영역을 벗어
나지 않게 하면 원은 화면 밖으로 사라지지 않는다. 위의 draw() 함수
를 아래와 같이 수정하고 실행해 보자.

```
void draw() {
  x += random(-speed, speed);
  y += random(-speed, speed);
  x = constrain(x, 0, width);
  y = constrain(y, 0, height);
  ellipse(x, y, diameter, diameter);
}
```

> 🖊 사실 random() 함수는 진정한 의미에서 임의의 수를 만들지는 않는다. 단지,
> 사전에 정해진 난수표에서 일련의 난수를 읽어 올 뿐이다. 난수표에서 특정한
> 난수 수열을 읽을 때는 보통 현재 시간(가령, 1/000초)을 시드(seed)로 삼아
> 해당 난수 수열을 읽는다. 따라서 시드를 고정하면 프로그램을 실행할 때 동일

한 난수 수열을 읽어올 수 있다. 동일한 난수 수열을 사용하면 프로그램은 항상 동일한 변화 양상을 만들어 낸다. 시드를 고정하려면 randomSeed() 함수에 특정한 시드의 번호(정수)를 매개변수로 넘겨준다. 이에 대한 좀 더 자세한 설명은 프로세싱 레퍼런스를 참고한다.

타이머

모든 프로세싱 프로그램에는 프로그램을 실행한 이후 흘러간 시간을 측정하는 타이머가 내장되어 있다. 경과한 시간은 밀리초, 즉 1/1000 단위로 계산한다. 가령, 1초가 지났다면 타이머의 값은 1,000이 된다. 5초가 지났다면 타이머는 5,000이 되고 1분이 지났다면 60,000이 된다. 타이머를 사용하면 일정한 시간이 흐른 다음 자동으로 애니메이션을 재생시킬 수도 있다. 타이머의 값은 millis() 함수로 알 수 있다.

예제 8-10: 흐르는 시간
이번 예제를 실행하면 프로그램을 실행한 이후 경과한 시간이 콘솔에 출력된다.

```
void draw() {
  int timer = millis();
  println(timer);
}
```

예제 8-11: 예정된 시간에 이벤트 시작하기
millis()의 값과 if 조건문을 함께 활용하면 예정된 시간에 애니메이션을 실행하거나 이벤트가 일어나도록 코드를 작성할 수 있다. 가령, 프로그램을 실행하고 2초가 흘렀는지의 여부를 if 조건문으로 판단해서 조건에 맞는 코드 블록을 실행할 수 있다. 이번 예제에서는 time1 및 time2 변수를 사용해서 지정한 시간이 되면 x 변수의 값을 바꾼다.

```
int time1 = 2000;
int time2 = 4000;
float x = 0;

void setup() {
  size(480, 120);
}

void draw() {
  int currentTime = millis();
  background(204);
  if (currentTime > time2) {
    x -= 0.5;
  } else if (currentTime > time1) {
    x += 2;
  }
  ellipse(x, 60, 90, 90);
}
```

원운동

만약 여러분이 삼각법을 잘 알고 있다면 사인(sine) 및 코사인(cosine)이 얼마나 근사한지도 잘 이해하고 있을 것이다. 설령 삼각법을 잘 모르더라도 이어지는 예제를 통해 삼각법의 가능성과 매력을 충분히 경험할 수 있을 것이다. 그렇다고 이번 절에서 삼각법에 대한 수학적 내용을 다루는 것은 아니다. 몇 가지 기법만 이해하면 유려한 움직임을 구현하는 데 삼각법을 요긴하게 활용할 수 있다.

그림 8-2는 사인파(sine wave)의 값과 각도와의 관계를 보여준다. 각도가 증가함에 따라 파형은 마치 파도처럼 값이 증가했다가 감소하기를 반복한다. 파형의 가장 낮은 지점을 주목하자. 이 정점을 전후해서는 수직축 상의 변화량이 점진적으로 줄어들다가 이윽고 멈추고 곧

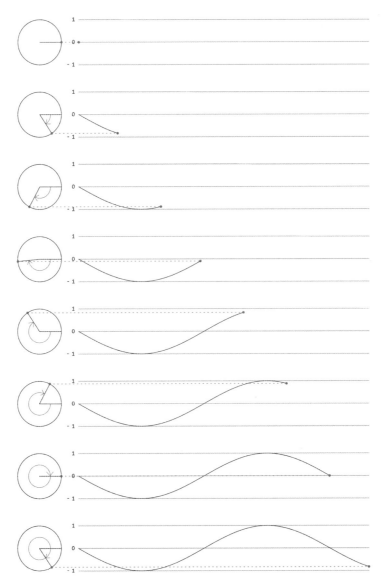

그림 8-2 사인값(sine value)은 특정한 각도에 대해 원의 둘레에 찍히는 점의
y 값이다. 평면에 펼쳐 사인파(sine wave)로 시각화한 모습은 이 그림과 같다.

방향을 바꿔 다시 점진적으로 변화량이 증가하는 양식이 반복되는 모습을 볼 수 있다. 이렇게 변화량이 점차 줄어들었다가 방향을 바꿔 다시 점차 늘어나는 양상은 파형의 가장 높은 지점에서도 동일하게 일어난다. 이러한 곡선의 특징을 활용하면 흥미로운 운동 양식을 구현할 수 있다.

프로세싱의 sin() 및 cos() 함수는 주어진 각도에 대한 사인값 및 코사인값을 반환하며, 반환하는 값의 범위는 -1부터 1까지의 값이다. 각도의 값은 arc() 함수와 마찬가지로 라디안 단위로 지정한다(라디안에 대해서는 24쪽의 예제 3-7 및 26쪽의 예제 3-8를 참고한다). 한편, sin() 및 cos() 함수가 반환하는 -1부터 1까지의 float 자료형 값은, 보통 그대로 사용하는 경우보다는 적당한 값을 곱해서 스케치에 필요한 값으로 변환해 쓰는 경우가 많다.

예제 8-12: 사인파의 값

이번 예제에서는 각도가 증가함에 따라 sin() 함수의 값이 어떻게 -1부터 1까지 (그리고 다시 1부터 -1까지) 순환하며 변하는지 콘솔에 출력해서 확인한다. 그다음 map() 함수를 사용해서 sinval 변수에 할당된 -1부터 1까지의 값을 0부터 255까지의 값으로 변환해 디스플레이 창의 배경색으로 활용하여 시각적 변화를 만들어 낸다.

```
float angle = 0.0;

void draw() {
  float sinval = sin(angle);
  println(sinval);
  float gray = map(sinval, -1, 1, 0, 255);
  background(gray);
  angle += 0.1;
}
```

예제 8-13: 사인파를 이용한 움직임

이번에는 사인파를 움직임에 적용한다.

```
float angle = 0.0;
float offset = 60;
float scalar = 40;
float speed = 0.05;

void setup() {
  size(240, 120);
}

void draw() {
  background(0);
  float y1 = offset + sin(angle) * scalar;
  float y2 = offset + sin(angle + 0.4) * scalar;
  float y3 = offset + sin(angle + 0.8) * scalar;
  ellipse( 80, y1, 40, 40);
  ellipse(120, y2, 40, 40);
  ellipse(160, y3, 40, 40);
  angle += speed;
}
```

예제 8-14: 원운동

sin() 함수와 cos() 함수를 함께 사용하면 원운동을 구현할 수 있다. 일정하게 증가하는 (또는 감소하는) 각도에 대한 cos() 함수의 값을 x 좌표로 사용하고 sin() 함수의 값을 y 좌표로 사용하면 원운동을 하는 좌표 쌍을 얻을 수 있다. 원운동의 반지름 크기는 sin() 및 cos() 함수가 반환하는 값에 scalar 변수를 곱해서 설정한다. 원운동의 중심축은 offset 변수의 값으로 설정한다.

```
float angle = 0.0;
float offset = 60;
float scalar = 30;
float speed = 0.05;

void setup() {
  size(120, 120);
}

void draw() {
  float x = offset + cos(angle) * scalar;
  float y = offset + sin(angle) * scalar;
  ellipse( x, y, 40, 40);
  angle += speed;
}
```

예제 8-15: 나선형 운동

앞의 원운동에서 사용했던 scalar 변수의 값을 매 프레임마다 조금씩 늘리면 원 모양 대신 나선형 모양으로 움직이는 운동을 구현할 수 있다.

```
float angle = 0.0;
float offset = 60;
float scalar = 2;
float speed = 0.05;

void setup() {
  size(120, 120);
```

```
  fill(0);
}

void draw() {
  float x = offset + cos(angle) * scalar;
  float y = offset + sin(angle) * scalar;
  ellipse( x, y, 2, 2);
  angle += speed;
  scalar += speed;
}
```

로봇 6: 움직임

이번 예제에서는 로봇에 난수 및 원운동 기법을 적용한다. 로봇의 위
치와 몸의 변화를 보다 명확하게 추적할 수 있도록 draw()에서는 back
ground() 함수를 사용하지 않았다.

프레임이 반복될 때마다 x 좌표에는 -4부터 4 사이의 난수를 더하고
y 좌표에는 -1부터 1 사이의 난수를 더한다. 그 결과 로봇은 수직보다
는 수평 방향으로 더 많이 움직이게 된다. sin() 함수로 계산한 값 덕분

에 목의 길이는 50부터 100픽셀 사이의 값으로 바뀐다.

```
float x = 180;              // x 좌표
float y = 400;              // y 좌표
float bodyHeight = 153;     // 몸통의 세로
float neckHeight = 56;      // 목의 세로
float radius = 45;          // 머리의 반지름
float angle = 0.0;          // 움직임에 반영할 각도

void setup() {
  size(360, 480);
  ellipseMode(RADIUS);
  background(0, 153, 204);   // 파란 배경
}

void draw() {
  // 작은 난수로 위치를 바꾼다
  x += random(-4, 4);
  y += random(-1, 1);

  // 목의 길이를 바꾼다
  neckHeight = 80 + sin(angle) * 30;
  angle += 0.05;

  // 머리의 높이를 바꾼다
  float ny = y - bodyHeight - neckHeight - radius;

  // 목
  stroke(255);
  line(x+2, y-bodyHeight, x+2, ny);
  line(x+12, y-bodyHeight, x+12, ny);
  line(x+22, y-bodyHeight, x+22, ny);

  // 안테나
  line(x+12, ny, x-18, ny-43);
  line(x+12, ny, x+42, ny-99);
  line(x+12, ny, x+78, ny+15);

  // 몸통
  noStroke();
  fill(255, 204, 0);
  ellipse(x, y-33, 33, 33);
  fill(0);
  rect(x-45, y-bodyHeight, 90, bodyHeight-33);
  fill(255, 204, 0);
  rect(x-45, y-bodyHeight+17, 90, 6);

  // 머리
```

```
  fill(0);
  ellipse(x+12, ny, radius, radius);
  fill(255);
  ellipse(x+24, ny-6, 14, 14);
  fill(0);
  ellipse(x+24, ny-6, 3, 3);
}
```

9
함수

함수는 프로세싱 프로그램을 구축하는 기본 요소다. 우리가 앞서 보았던 모든 예제에는 함수가 포함되어 있다. 가령, 우리가 자주 사용했던 size(), line(), 그리고 fill() 등은 모두 함수다. 이번 장에서는 사용자 정의 함수를 작성하는 방법에 대해 알아본다. 사용자 정의 함수는 사용자가 자신의 필요에 따라 새롭게 기능을 정의한 함수로, 사용자 정의 함수 덕분에 사용자는 프로세싱이 제공하는 함수에 국한되지 않고 더욱 자유롭게 프로그램을 작성할 수 있다.

모듈성(modularity)은 함수의 중요한 장점 중 하나다. 함수란 각각 특정한 기능을 수행하는 독립적인 소프트웨어 단위로, 보다 복잡한 프로그램을 구축하는 요소다. 함수는 마치 레고(LEGO) 블록과 같다. 레고는 특정한 용도에 맞는 다양한 형태의 블록으로 이루어져 있으며 다수의 블록이 모여 하나의 복잡하고 커다란 형태를 이룬다. 함수들이 모였을 때 발생하는 진정한 힘은 바로 동일한 함수로 수없이 다양한 결과물을 만들어 낼 수 있다는 점에서 나온다. 이는 마치 우주선을 만들었던 레고 블록을 가지고 트럭, 빌딩, 그리고 수없이 다양한 조립물을 만들 수 있는 것과 같다.

나무와 같이 복잡한 형태를 수없이 그려야 하는 경우, 함수는 매우 큰 도움이 된다. 가령, 하나의 나무를 그리는 tree()라는 함수(또는 사용자가 정한 이름의 함수)는 프로세싱에 내장된 line() 같은 함수를 여러 개 사용해서 만들 수 있을 것이다. 일단 나무를 그리는 함수를 하나 만들었다면 그 다음부터는 더 이상 나무 함수 안에 있는 개별 line() 함수에 대해 고민할 필요가 없다. 앞서 만들어 둔 tree() 함수를 호출하기만 하면 얼마든지 화면에 나무를 그릴 수 있기 때문이다. 이와 같이, 함수를 사용하면 복잡하게 나열한 구문들을 한데 묶어서 간결하게 요약할 수 있다. 덕분에 세부적인 구현(가령, line() 함수로 나뭇가지를 표현하는 것)에 치중하는 대신 더 높은 차원의 목표(가령, tree() 함수로 나무들 또는 숲을 표현하는 것)에 집중할 수 있다. 즉, 일단 함수를 정의한 다음에는 그 함수 안에 있는 코드를 구구절절하게 다시 반복해서 작성하지 않아도 얼마든지 동일한 기능을 재사용할 수 있다.

함수의 실행 원리

컴퓨터는 프로그램을 한 줄씩 실행한다. 프로그램을 실행하다가 함수가 있는 코드에 도달하면 컴퓨터는 함수가 정의된 곳으로 뛰어넘어 가서 그곳에 있는 코드들을 실행한다. 함수에 정의된 모든 코드를 실행한 다음에는 다시 뛰어넘어 가기 전의 위치로 돌아와서 그다음 줄의 코드를 실행한다.

예제 9-1: 주사위 함수

이번 예제의 rollDice() 함수를 보면 프로그램에서 함수가 실행되는 원리를 보다 잘 이해할 수 있을 것이다. 프로그램을 실행하면 먼저 setup()이 실행된다. setup() 안에는 rollDice() 함수가 세 번 나온다.

매번 rollDice() 함수가 나올 때마다 프로그램은 rollDice()가 정의된 부분으로 뛰어넘어 가서 rollDice() 함수 안의 코드를 실행하고 다시 이전 위치로 돌아와서 다음 줄의 코드를 실행한다.

```
void setup() {
  println("Ready to roll!");
  rollDice(20);
  rollDice(20);
  rollDice(6);
  println("Finished.");
}

void rollDice(int numSides) {
  int d = 1 + int(random(numSides));
  println("Rolling... " + d);
}
```

rollDice() 함수는 다면체 주사위를 모사하는 함수다. 우리가 육면체 주사위를 굴리면 한 개부터 여섯 개까지의 눈이 새겨진 면들 중에서 임의의 면 하나가 보이는 것과 같이, rollDice() 함수 안에 있는 두 줄의 코드는 1부터 매개변수로 지정한 수 사이의 난수 하나를 콘솔에 출력한다. 이 함수는 프로그램을 실행할 때마다 이전과는 다른 난수를 출력한다.

```
Ready to roll!
Rolling... 20
Rolling... 11
Rolling... 1
Finished.
```

setup() 안에 있는 rollDice() 함수가 실행될 때마다 이 함수에 정의된 코드들이 한 줄씩 차례로 실행되고, 함수 안의 코드가 모두 실행된 다음에는 다시 setup()으로 되돌아와서 다음 줄에 있는 코드가 실행된다.

random() 함수에 하나의 매개변수를 넣으면 0부터 매개변수 미만의 난수를 얻을 수 있다. 따라서 예제의 random(6)은 0부터 5.99999…까지의 값을 반환한다. random() 함수는 float 자료형을 반환하므로 int() 함수를 사용해서 부동소수점수를 정수로 바꾼다. 그러면 int(random(6))를 통해 0, 1, 2, 3, 4 또는 5를 얻을 수 있다. 주사위의 각 면에는 1부터 6개까지의 눈이 표시되어 있으므로, int(random(6))에 1을 더하면 0부터 5까지의 정수를 1부터 6까지의 정수로 변환할 수 있다. 이 책을 통해 자주 언급하고 있지만, 프로그래밍에서는 계산의 편의를 위해 통상 0부터 숫자를 세기 시작한다. random() 함수 또한 마찬가지이며 덕분에 반환값을 쉽게 다른 수로 변환할 수 있다.

예제 9-2: 주사위 함수를 정의하지 않았을 경우

이번 예제는 rollDice() 함수를 정의하지 않고 주사위를 모사하는 프로그램을 만들었을 때의 코드를 보여준다.

```
void setup() {
  println("Ready to roll!");
  int d1 = 1 + int(random(20));
  println("Rolling... " + d1);
  int d2 = 1 + int(random(20));
  println("Rolling... " + d2);
  int d3 = 1 + int(random(6));
  println("Rolling... " + d3);
  println("Finished.");
}
```

이번 예제에 비하면 rollDice() 함수를 사용하는 예제 9-1의 코드가 가독성도 높을 뿐만 아니라 코드를 유지 보수하는 데도 좋다. 함수의 이름이 블록으로 묶인 코드의 용도를 대변하고 있으므로 프로그램도 보다 명확해진다. 그에 비해 이번 예제처럼 코드를 작성하면 setup() 안에 등장하는 random() 함수의 용도를 쉽게 이해하기 어렵다. 한편, rollDice() 함수를 사용하면 몇 개의 면이 있는 주사위를 모사하는지도 쉽게 알 수 있다. 가령, rollDice(6)라는 코드는 6면체 주사위를 모사한다는 뜻이고 rollDice(24)는 24면체 주사위를 모사한다는 의미가 된다. 또한 같은 정보를 반복해서 표현할 필요가 없으므로 코드를 유지 보수하는 데도 유리하다. 가령, 이번 예제에서는 Rolling...이라는 동일한 표현을 세 번씩이나 반복해서 작성했다. 덕분에 이 표현을 다른 표현으로 바꾸려면 세 곳의 코드를 수정해야 한다. 그에 비해 rollDice() 함수를 사용하면 함수 안에 있는 코드 한 줄만 바꾸면 되므로 작업을 훨씬 간단하게 끝낼 수 있다. 추가적으로, 147쪽의 예제 9-5에서 보게 되겠지만, 함수를 사용하면 프로그램의 길이를 훨씬 짧게 줄일 수 있으며(그리고 그 덕분에 가독성은 높아지고 유지 보수도 쉬워진다), 이는 버그를 예방하는 데 큰 도움이 된다.

함수 만들기

이번 절에서는 올빼미를 그려 보며 함수를 만드는 데 필요한 절차를 확인해 본다.

예제 9-3: 올빼미 그리기

먼저, 함수를 정의하지 않고 올빼미를 그려 본다.

```
void setup() {
  size(480, 120);
}
```

```
void draw() {
  background(176, 204, 226);
  translate(110, 110);
  stroke(138, 138, 125);
  strokeWeight(70);
  line(0, -35, 0, -65); // 몸통
  noStroke();
  fill(255);
  ellipse(-17.5, -65, 35, 35); // 왼쪽 눈을 둘러싼 반원
  ellipse(17.5, -65, 35, 35);  // 오른쪽 눈을 둘러싼 반원
  arc(0, -65, 70, 70, 0, PI);  // 턱
  fill(51, 51, 30);
  ellipse(-14, -65, 8, 8); // 왼쪽 눈
  ellipse(14, -65, 8, 8);  // 오른쪽 눈
  quad(0, -58, 4, -51, 0, -44, -4, -51); // 부리
}
```

translate() 함수로 좌표 체계의 원점(0, 0)을 수평으로 110픽셀, 그리고 세로로 110픽셀만큼 옮겼다. 그 다음 올빼미를 좌표 (0, 0)을 기준으로 그렸다(올빼미의 중앙하단). 덕분에 도형의 좌표를 정할 때 음수를 여러 번 사용하긴 했지만, translate() 함수의 매개변수만 바꾸면 올빼미의 위치를 쉽게 옮길 수 있게 되었다. 그림 9-1을 참고하자.

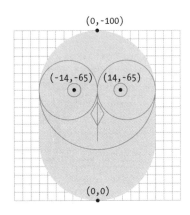

그림 9-1 올빼미의 좌표

예제 9-4: 올빼미 두 마리

올빼미를 한 마리만 그린다면 144쪽에 있는 예제 9-3의 코드도 나름 사용할 만하다. 하지만 두 마리의 올빼미를 그린다면 코드의 양이 거의 두 배로 늘어나 버린다.

```
void setup() {
  size(480, 120);
}

void draw() {
  background(176, 204, 226);

  // 왼쪽 올빼미
  translate(110, 110);
  stroke(138, 138, 125);
  strokeWeight(70);
  line(0, -35, 0, -65); // 몸통
  noStroke();
  fill(255);
  ellipse(-17.5, -65, 35, 35); // 왼쪽 눈을 둘러싼 반원
  ellipse(17.5, -65, 35, 35);  // 오른쪽 눈을 둘러싼 반원
  arc(0, -65, 70, 70, 0, PI);  // 턱
  fill(51, 51, 30);
  ellipse(-14, -65, 8, 8); // 왼쪽 눈
  ellipse(14, -65, 8, 8);  // 오른쪽 눈
  quad(0, -58, 4, -51, 0, -44, -4, -51); // 부리

  // 오른쪽 올빼미
  translate(70, 0);
  stroke(138, 138, 125);
  strokeWeight(70);
  line(0, -35, 0, -65); // 몸통
  noStroke();
  fill(255);
  ellipse(-17.5, -65, 35, 35); // 왼쪽 눈을 둘러싼 반원
  ellipse(17.5, -65, 35, 35);  // 오른쪽 눈을 둘러싼 반원
```

```
  arc(0, -65, 70, 70, 0, PI);  // 턱
  fill(51, 51, 30);
  ellipse(-14, -65, 8, 8); // 왼쪽 눈
  ellipse(14, -65, 8, 8);  // 오른쪽
  quad(0, -58, 4, -51, 0, -44, -4, -51); // 부리
}
```

프로그램의 양이 21개 줄에서 34개 줄로 늘어났다. 두 번째 올빼미는 첫 번째 올빼미의 코드를 복사해서 붙여 넣은 다음 translate() 함수로 70픽셀만큼 오른쪽으로 옮겼다. 이런 방식은 올빼미를 하나 더 추가하는 방법으로 사용하기에는 너무 장황하고 비효율적이다. 같은 방식으로 세 번째 올빼미까지 추가한다면 정말 골치 아플 것이다. 하지만 앞으로 여러분은 코드를 자꾸 복제하느라 골치 아픈 일은 없을 것이다. 이 예제는 함수의 필요성을 역설하기 위한 예제일 뿐이며, 우리는 앞으로 함수를 만들어서 사용할 테니 걱정하지 않아도 된다.

예제 9-5: 올빼미 함수

이번 예제에서는 올빼미 한 마리를 그리는 함수를 정의한 다음 이 함수를 두 번 사용해서 두 마리의 올빼미가 화면에 나타나게 했다. 올빼미를 그리는 함수는 앞의 예제에서 보았던 코드를 거의 그대로 가져와서 정의했다. 함수를 정의한 다음에는 화면에 그리고 싶은 올빼미의 수만큼 함수를 호출하면 된다.

```
void setup() {
  size(480, 120);
}
```

```
void draw() {
  background(176, 204, 226);
  owl(110, 110);
  owl(180, 110);
}

void owl(int x, int y) {
  pushMatrix();
  translate(x, y);
  stroke(138, 138, 125);
  strokeWeight(70);
  line(0, -35, 0, -65); // 몸통
  noStroke();
  fill(255);
  ellipse(-17.5, -65, 35, 35); // 왼쪽 눈을 둘러싼 반원
  ellipse(17.5, -65, 35, 35);  // 오른쪽 눈을 둘러싼 반원
  arc(0, -65, 70, 70, 0, PI);  // 턱
  fill(51, 51, 30);
  ellipse(-14, -65, 8, 8); // 왼쪽 눈
  ellipse(14, -65, 8, 8);  // 오른쪽 눈
  quad(0, -58, 4, -51, 0, -44, -4, -51); // 부리
  popMatrix();
}
```

위의 그림으로 알 수 있듯이 이번 예제를 실행하면 146쪽에 있는 예제 9-4를 실행한 것과 동일한 결과를 볼 수 있다. 하지만 이번 예제는 owl() 함수 덕분에 올빼미를 그리는 코드를 한 번만 작성해도 되므로 프로그램의 길이가 더 짧아졌다. draw() 함수에서는 owl() 함수가 두 번 호출된다. 덕분에 매 프레임마다 올빼미를 그리는 도형들도 두 번씩 실행된다. 한편, 올빼미 함수는 올빼미의 x 및 y 좌표를 설정하는 두 개의 매개변수를 받는다. 그 결과 올빼미를 각각 다른 위치에 그릴 수 있다.

매개변수는 함수에 있어서 매우 중요한 요소다. 매개변수가 없다면 함수의 융통성이 사라지기 때문이다. 가령, 예제 9-1에 나온 rollDice() 함수의 경우 numSides라는 매개변수를 갖고 있다. 이 매개변수 덕분에 우리는 6면 주사위뿐만 아니라 20면 주사위, 24면 주사위 등 우리가 원하는 주사위를 모사할 수 있다. 다른 함수들도 마찬가지다. 가

령, line() 함수의 매개변수 덕분에 우리는 원하는 위치에 원하는 길이의 선을 그릴 수 있다. 만약 line() 함수에 매개변수를 넣을 수 없다면 line() 함수는 언제나 정해진 곳에 정해진 길이의 선만 그릴 것이다.

매개변수는 일종의 변수로, 함수가 실행될 때 생성된다. 따라서 당연히 자료형(가령 int 및 float 등)이 있다. 이번 예제를 실행하면 draw()에서 owl() 함수를 두 번 호출한다. 첫 번째 owl() 함수를 호출할 때는 x 매개변수의 값을 110으로, y 매개변수의 값도 110으로 설정하고 두 번째 owl() 함수를 호출할 때는 x의 값을 180으로, y의 값은 110으로 설정한다. 이 값들은 각각 매개변수에 저장되어 owl() 함수의 내부로 전달(매개)되고, 함수 안에 해당 매개변수가 나오는 코드에서 사용된다.

매개변수를 통해 함수 내부로 매개하려는 값은 매개변수의 자료형과 맞아야 한다. 가령, setup() 함수에서 아래의 코드를 실행하면 에러가 발생한다.

```
owl(110.5, 120.2);
```

에러가 발생하는 이유는 매개변수 x 및 y의 자료형은 정수로 선언되었는데 정수가 아닌 110.5 및 120.2라는 부동소수점수를 할당하고 있기 때문이다.

예제 9-6: 여러 마리의 올빼미 그리기

앞의 예제에서는 원하는 위치에 올빼미를 그리는 함수를 정의했다. 만약 for 반복문으로 owl() 함수를 여러 번 실행하고, 실행할 때마다 owl() 함수의 첫 번째 매개변수만 다르게 넣어준다면 매우 효율적으로 여러 마리의 올빼미를 수평 축에 그릴 수 있을 것이다.

```
void setup() {
  size(480, 120);
}

void draw() {
  background(176, 204, 226);
  for (int x = 35; x < width + 70; x += 70) {
    owl(x, 110);
  }
}
```

// 예제 9-5에서 정의한 owl() 함수를 아래에 추가한다

함수에 더 많은 매개변수를 추가하면 그만큼 올빼미의 다양한 측면을
원하는 대로 설정할 수 있다. 가령, 올빼미의 색깔, 회전, 축척 또는 눈
의 크기 등도 얼마든지 매개변수로 설정할 수 있다.

예제 9-7: 크기가 다른 올빼미들

이번 예제에서는 올빼미 함수에 두 개의 매개변수를 더 추가한다. 새
로 추가한 매개변수는 각각 올빼미의 색깔(회색) 및 크기를 설정한다.

```
void setup() {
  size(480, 120);
}
```

```
void draw() {
  background(176, 204, 226);
  randomSeed(0);
  for (int i = 35; i < width + 40; i += 40) {
    int gray = int(random(0, 102));
    float scalar = random(0.25, 1.0);
    owl(i, 110, gray, scalar);
  }
}

void owl(int x, int y, int g, float s) {
  pushMatrix();
  translate(x, y);
  scale(s);                    // 크기를 설정함
  stroke(138-g, 138-g, 125-g); // 색깔을 설정함
  strokeWeight(70);
  line(0, -35, 0, -65);        // 몸통
  noStroke();
  fill(255);
  ellipse(-17.5, -65, 35, 35); // 왼쪽 눈을 둘러싼 반원
  ellipse(17.5, -65, 35, 35);  // 오른쪽 눈을 둘러싼 반원
  arc(0, -65, 70, 70, 0, PI);  // 턱
  fill(51, 51, 30);
  ellipse(-14, -65, 8, 8); // 왼쪽 눈
  ellipse(14, -65, 8, 8);  // 오른쪽 눈
  quad(0, -58, 4, -51, 0, -44, -4, -51); // 부리
  popMatrix();
}
```

반환값

어떤 계산을 수행하는 함수를 만든다면 계산한 결과를 메인 프로그램
으로 반환(return)하게 할 수 있다. 우리는 이미 이런 함수를 사용한 적
이 있다. 가령, random() 함수나 sin() 함수는 내부적으로 특정한 계산
을 수행한 다음 그 결과를 반환한다. 이렇게 값을 반환하는 함수를 사용
할 때는 보통 반환값을 변수에 할당하는 식으로 코드를 작성하곤 한다.

```
float r = random(1, 10);
```

위의 코드를 보면 random() 함수가 반환하는 1부터 10 미만의 값을
r이라는 float 자료형 변수에 할당하고 있다.

반환값이 있는 함수는 종종 다른 함수의 매개변수로 활용할 수 있다. 아래의 코드를 보자.

```
point(random(width), random(height));
```

이 코드는 random() 함수의 반환값을 변수에 할당하는 대신 point() 함수의 매개변수로 사용한다. 그 결과 화면에서는 임의의 위치에 점이 찍힌다.

예제 9-8: 값을 반환하는 함수

값을 반환하는 함수를 정의하려면 먼저 함수명 앞에 void 키워드 대신 반환할 값의 자료형을 키워드로 써야 한다. 가령, 정수형 값을 반환하는 함수는 함수명 앞에 int 키워드를 써야 한다. 자료형을 특정한 다음에는 함수 블록의 맨 아래 줄에 return 키워드를 쓰고 그 오른쪽에 반환할 값 또는 변수를 쓴다. 이번 예제에는 calculateMars()라는 함수가 정의되어 있다. 이 함수는 화성에서의 몸무게를 계산해서 반환한다. 즉, 지구에서의 무게를 매개변수에 넣으면 화성에서의 무게로 변환해서 반환한다.

```
void setup() {
  float yourWeight = 132;
  float marsWeight = calculateMars(yourWeight);
  println(marsWeight);
}

float calculateMars(float w) {
  float newWeight = w * 0.38;
  return newWeight;
}
```

함수명 앞에 있는 float 키워드는 이 함수가 부동소수점수를 반환한다는 점을 알려준다. 또한 함수 블록의 맨 아래에 있는 return 키워드는

이 함수가 newWeight 변수를 반환한다는 점을 보여준다. setup()의
두 번째 행을 보면 marsWeight 변수에 calculateMars() 함수의 반환값
을 할당하는 코드가 보인다. (여러분의 몸무게가 화성에서 어떻게 변
하는지 알고 싶다면 yourWeight에 할당된 132 대신 여러분의 몸무게
를 넣어보자.)

로봇 7: 함수

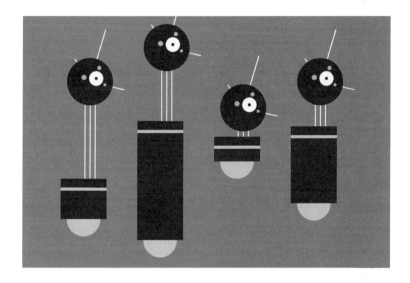

로봇 2(58쪽의 '로봇 2: 변수' 참고)와는 달리 이번 예제는 하나의 로봇
을 그리는 함수를 정의한 다음 이 함수를 네 번 호출해서 네 개의 로봇
을 그린다. draw() 함수에서 drawRobot() 함수를 네 번씩 호출하고 있
으므로 drawRobot() 함수 안에 있는 코드들도 결국 네 번씩 실행된다.
다만, drawRobot() 함수를 호출할 때마다 매개변수의 값을 다르게 설
정한 덕분에 서로 조금씩 달라 보이는 네 개의 로봇이 그려진다.

한편, 로봇 2에서는 전역 변수로 선언했던 변수들이 이번에는 모두 drawRobot() 함수 안에 들어와 있다. 이 변수들은 로봇을 그리는 데만 사용되므로 drawRobot() 함수를 정의하는 중괄호 안에 들어와 있어도 문제가 되지는 않는다. 한편, radius 변수의 값은 로봇마다 다르게 설정하지 않을 것이므로 매개변수를 통해 값을 받을 필요가 없다. 그래서 radius 변수의 값은 drawRobot() 블록 안에서 할당한다.

```
void setup() {
  size(720, 480);
  strokeWeight(2);
  ellipseMode(RADIUS);
}

void draw() {
  background(0, 153, 204);
  drawRobot(120, 420, 110, 140);
  drawRobot(270, 460, 260, 95);
  drawRobot(420, 310, 80, 10);
  drawRobot(570, 390, 180, 40);
}

void drawRobot(int x, int y, int bodyHeight, int neckHeight) {

  int radius = 45;
  int ny = y - bodyHeight - neckHeight - radius;   // 목의 세로 길이

  // 목
  stroke(255);
  line(x+2, y-bodyHeight, x+2, ny);
  line(x+12, y-bodyHeight, x+12, ny);
  line(x+22, y-bodyHeight, x+22, ny);

  // 안테나
  line(x+12, ny, x-18, ny-43);
  line(x+12, ny, x+42, ny-99);
  line(x+12, ny, x+78, ny+15);

  // 몸통
  noStroke();
  fill(255, 204, 0);
  ellipse(x, y-33, 33, 33);
  fill(0);
  rect(x-45, y-bodyHeight, 90, bodyHeight-33);
```

```
  fill(255, 204, 0);
  rect(x-45, y-bodyHeight+17, 90, 6);

  // 머리
  fill(0);
  ellipse(x+12, ny, radius, radius);
  fill(255);
  ellipse(x+24, ny-6, 14, 14);
  fill(0);
  ellipse(x+24, ny-6, 3, 3);
  fill(153, 204, 255);
  ellipse(x, ny-8, 5, 5);
  ellipse(x+30, ny-26, 4, 4);
  ellipse(x+41, ny+6, 3, 3);
}
```

10
객체

OOP(Object-oriented programming), 즉 객체 지향 프로그래밍은 프로그래밍에 대한 하나의 관점이다. '객체 지향 프로그래밍'이라는 낯선 용어가 다소 위압적으로 느껴질 수도 있지만 여러분은 이미 7장부터 객체를 사용하고 있었다. 가령, PImage, PFont, String 그리고 PShape 같은 자료형은 사실 모두 객체다. 객체는, 기본 자료형인 boolean, int 그리고 float 등이 하나의 값만 저장할 수 있는데 비해 두 개 이상의 값도 저장할 수 있으며 심지어 자료형이 다른 값도 저장할 수 있다. 하지만 이는 객체가 가진 특징의 일부분에 불과하다. 객체는 변수와 관련 함수를 한데 묶는 기능도 갖고 있기 때문이다. 우리는 이미 앞의 장들에서 변수와 함수에 대해 알아보았다. 객체라는 묶음 속에는 변수는 물론 함수도 함께 들어가 있다.

객체는 중요하다. 객체는 크고 복잡한 아이디어를 좀 더 작고 단순한 구축 단위로 나눠주기 때문이다. 객체는 자연 세계의 구성 원리를 프로그래밍에 반영한 것이기도 하다. 가령, 동물은 서로 다른 기능을 수행하는 신체 기관들로 이루어진다. 그리고 각 신체 기관은 보다 작은 조직들로 이루어지며, 조직은 더 작은 세포들로 이루어진다. 이와 마찬가지로 하나의 프로그램도 보다 단순하고 작은 구성 요소들의 집합과 구조로 이해할 필요가 있다. 작고 이해하기 쉽고 단순한 기능을 수행하는 코드 조각들을 여러 개 모아서 큰 프로그램을 만들어가는 방식이 홀로 모든 것을 다 처리하는 거대한 코드 덩어리의 프로그램을 작성하는 방식보다 훨씬 작성하기도 쉽고 관리하기도 편하다.

필드와 메서드

소프트웨어 객체는 서로 관련이 있는 변수 및 함수로 이루어진다. 객체에서는 변수를 필드(filed) 또는 인스턴스 변수(instance variable)라고 부르며 함수는 메서드(method)라고 부른다. 필드와 메서드는 여러분이 알고 있는 변수 및 함수와 사실상 아무런 차이가 없다. 단지 지금까지 다루었던 변수나 함수와는 달리 객체 안에 정의된 변수 및 함수라는 점을 강조하기 위해 필드나 메서드라는 새로운 용어를 사용할 뿐이다. 중요한 점은 객체는 서로 관련이 있는 자료(필드) 및 기능(메서드)을 한데 묶어 놓았다는 점이다.

가령, 라디오를 객체로 모델링한다고 했을 때, 이 객체에서 조정이 가능한 필드는 무엇이고 그리고 어떤 메서드로 필드를 조정해야 하는지 생각해 보자.

필드

볼륨(volume), 주파수(frequency), 대역(band - FM 또는 AM), 전원(power - on 또는 off)

메서드

볼륨 설정하기(setVolume), 주파수 설정하기(setFrequency), 대역 설정하기(setBand)

라디오와 같이 간단한 기계 장치를 객체로 모델링하는 작업은 개미나 인간과 같은 생명체를 객체로 모델링 하는 작업에 비해 훨씬 쉬운 편이다. 생명체와 같이 복잡한 대상은 몇 개의 필드나 메서드로 단순화할 수 없기 때문이다. 그렇지만 생명체를 모방한 재미있는 시뮬레이션 정도는 모델링할 수 있다. 심즈(the Sims)라는 비디오 게임은 이와 같은 시뮬레이션의 대표적인 사례다. 이 게임에는 인간을 시뮬레이션 한 캐릭터들이 등장하며, 플레이어는 캐릭터들의 일상적인 활동을 관리해야 한다. 플레이어는 캐릭터들의 개성 덕분에 재미있고 중독성 있는 게임 경험을 즐길 수 있다. 하지만 이 캐릭터들의 개성에는 한계가 있다. 캐릭터의 개성은 단지 다섯 개의 속성(깔끔함, 사교성, 활동성, 장난기, 친절함)으로만 이루어지기 때문이다. 비록 한계는 있지만 아무리 복잡한 생명체라도 단순한 속성들로 되돌려 시뮬레이션할 수 있다는 점을 우리는 심즈를 통해 알 수 있다. 그렇다면 우리는 다음과 같이 몇 개의 필드와 메서드를 갖고 개미 프로그래밍을 시작할 수 있을 것이다.

필드

　유형(type - 일개미 또는 병정개미), 무게(weight), 길이(length)

메서드

　걷기(walk), 깨물기(pinch), 페로몬 방출하기(releasePheromones), 먹기(eat)

개미의 필드와 메서드를 목록으로 나열해 보면 개미의 또 다른 측면을 모델링에 반영하고 싶을 수도 있을 것이다. 모델을 만드는 데 별도로 정해진 법칙은 없다. 프로그램의 목적에 부합한다면 자신에게 맞는 방식대로 모델을 만들면 된다.

클래스 정의하기

객체를 만들려면 먼저 클래스(class)를 정의해야 한다. 클래스란 객체의 기술 설명서 또는 요구 조건이다. 건축에 비유하자면 클래스는 건축물의 청사진에 해당하고 객체는 건축물에 해당한다. 우리는 하나의 청사진을 토대로 여러 건축물을 구축할 수 있다. 한편, 최종적인 건축물은 서로 약간씩 다를 수 있다. 즉 청사진은 건축물의 설계도일 뿐 건축물 그 자체는 아니다. 가령, 하나의 설계도로 만든 어떤 집은 파란색이지만, 다른 집은 빨간색일 수 있다. 그리고 어떤 집에는 난로가 있을 수 있지만 다른 집에는 없을 수도 있다. 클래스와 객체도 마찬가지다. 클래스는 필드 및 메서드를 정의하지만 동일한 클래스(청사진)로 만든 여러 객체(건축물)들은 서로 조금씩 다른 값(집의 색깔, 난로의 유무 등)으로 설정할 수 있다. 조금 더 기술적인 용어로 표현하자면, 각 객체는 클래스의 인스턴스(instance), 즉 클래스가 실현된 실현치이며, 하나의 클래스로부터 실현된 인스턴스들은 모두 동일한 필드와 메서드를 갖고 있지만 서로 독립적이다. 덕분에 객체마다 필드의 값을 다르게 설정하거나 메서드를 다르게 운용할 수 있다.

클래스를 정의하기 전에는 먼저 약간의 계획을 세울 필요가 있다. 가령, 클래스에 어떤 필드와 메서드가 있어야 하는지 정해야 한다. 약간의 브레인스토밍을 해서 필요한 선택지를 최대한 상세하게 그리고 우선순위를 정해 나열한 다음, 제대로 작동시킬 방법을 모색해 본다. 물론 프로그래밍을 작성하는 과정 중에 처음 계획이 바뀔 수도 있다. 하지만 첫 단추를 잘 끼워야 이후의 과정이 수월하다.

필드를 정의할 때는 알아보기 쉬운 이름을 사용하고 적절한 자료형을 선택해야 한다. 필드의 자료형은 별다른 제한 없이 정할 수 있다.

그리고 하나의 클래스 안에는 여러 자료형의 필드들이 함께 있어도 상관없다. 즉, 이미지, 불(boolean), 부동소수점수(float), 그리고 문자열(String) 자료형 필드가 하나의 클래스 안에 함께 있어도 된다. 클래스를 만들어 쓰는 가장 중요한 이유 중 하나가 바로 서로 관련이 있는 여러 데이터 요소들을 한데 묶어서 쓰기 위해서라는 점을 잊지 말자. 한편, 메서드도 알아보기 쉬운 이름으로 정하고 적절한 자료형 및 반환값(만약 값을 반환한다면)을 지정한다. 메서드의 주요 용도 중 하나는 필드의 값을 변경하는 것이고, 또 다른 주요 용도는 필드의 값을 토대로 특정한 기능을 수행하는 것이다.

이제 클래스를 작성하도록 한다. 첫 번째로 작성할 클래스는 129쪽의 예제 8-9를 새로 고쳐 쓸 것이다. 먼저, 예제의 변수를 토대로 클래스에 포함시킬 필드의 목록을 작성한다.

```
float x
float y
int diameter
float speed
```

다음 단계는 클래스에 포함시킬 메서드의 목록을 작성하는 일이다. 예제 8-9의 draw() 함수를 보면 두 개의 주요 기능부로 코드가 나뉘는 것을 알 수 있다. 하나는 도형의 위치를 새로 고치는 기능이고 다른 하나는 도형을 화면에 표시하는 기능이다. 이 기능들을 각각 메서드로 만들어서 클래스에 포함시키도록 한다.

```
void move()
void display()
```

두 메서드는 모두 반환값이 없다. 따라서 메서드의 자료형은 모두 void로 정했다. 필드와 메서드의 목록을 정했으니 이제 본격적으로 클래스를 작성할 때가 됐다. 클래스는 다음의 네 단계를 따라 작성할 것이다.

1. 클래스 블록을 만든다.
2. 필드를 추가한다.
3. 생성자(constructor)를 만들고 필드에 값을 할당한다(생성자에 대해서는 잠시 후에 설명하도록 한다).
4. 메서드를 추가한다.

첫째, 클래스 블록을 만든다.

```
class JitterBug {
}
```

class라는 키워드 다음에 JitterBug라는 클래스 이름을 쓰고 이어서 중괄호 블록을 만든다. class 키워드는 소문자로 써야 한다. 그에 비해 JitterBug라는 클래스 이름은 대문자로 시작한다. 클래스 이름의 첫 글자를 반드시 대문자로 써야 한다는 규정은 없다. 하지만 일반 변수가 아니라 클래스라는 점을 명시하기 위해 관습적으로 대문자로 시작한다(이 관습은 가능하면 지키는 것이 좋다). 한편, 함수를 정의할 때와는 달리 클래스 이름과 중괄호 사이에는 괄호를 넣지 않는다.

둘째, 필드를 추가한다. 필드가 있다면 필드의 초깃값을 생성자로 설정할 수 있다. 생성자는 일종의 특수한 메서드로, 필드에 초깃값을 할당하는 용도로 사용되곤 한다. 이미 짐작하고 있겠지만, 객체끼리 서로 다른 초깃값을 갖게 하려면 생성자의 매개변수를 활용한다. 생성자의 매개변숫값을 객체마다 다르게 설정하면 객체의 필드값도 서로 다르게 초기화할 수 있다. 가령, JitterBug 클래스의 경우 생성자를 통해 x, y, 및 diameter 필드의 초깃값을 설정하고자 한다. 따라서 우선 클래스의 필드들을 다음과 같이 선언한다.

```
class JitterBug {
  float x;
  float y;
  int diameter;
  float speed = 0.5;
}
```

셋째, 생성자를 추가한다. 생성자의 이름은 항상 클래스의 이름과 같아야 한다. 생성자는 클래스의 인스턴스인 객체를 생성했을 때 객체의 필드에 초깃값을 할당하는 용도로 사용한다(그림 10-1). 생성자 블록의 코드들은 객체를 처음 생성할 때만 한 번 실행된다. 앞에서도 언급했지만, 우리는 JitterBug 클래스의 생성자가 세 개의 매개변수를 받아서, 이 값들로 필드를 초기화하게 코드를 작성하고자 한다. 생성자를 통해 클래스 내부로 전달될 값은 일단 생성자의 매개변수, 즉 임시 (temporary) 변수에 할당된다. 책에서는 생성자의 임시 변수 이름을 모두 temp로 시작하게 정했지만 여러분은 자신의 방식대로 이름을 정해도 된다. temp로 시작하는 생성자 매개변수는 외부의 값을 클래스의 필드에 할당하는 용도로 사용된다. 한편, 생성자는 절대로 값을 반환하지 않는다. 따라서 생성자의 이름 앞에는 void 등의 자료형 키워드를 붙이지 않는다. 생성자를 추가한 클래스의 모습은 다음과 같다.

```
class JitterBug {
  float x;
  float y;
  int diameter;
  float speed = 0.5;

  JitterBug(float tempX, float tempY, int tempDiameter) {
    x = tempX;
    y = tempY;
    diameter = tempDiameter;
  }
}
```

마지막으로 메서드를 추가한다. 이 부분은 비교적 쉽다. 앞의 장에서 함수를 정의했던 것처럼 메서드를 작성하면 된다. 메서드는 클래스 안에서 정의한다는 점이 사용자 함수 정의하기와 다를 뿐이다. 한편, 메서드를 추가할 때는 코드 들여쓰기에 조금 더 주의하는 편이 좋다. 클래스와 메서드를 정의할 때는 여러 겹의 중괄호를 사용하게 된다. 따라서 자칫 중괄호의 쌍을 맞추지 못하는 실수를 하기 쉽다. 들여쓰기에 주의한다면 이러한 실수를 줄이는 데 도움이 된다. 클래스 내부의 모든 코드도 몇 칸 더 들여쓰기 해서 클래스 블록 안에 있는 코드라는 것을 명확하게 표현하도록 한다. 생성자와 메서드 안의 코드도 몇 칸 더 들여쓰기 해서 코드의 계층 구조를 명확히 드러내는 것이 좋다.

```
class JitterBug {
  float x;
  float y;
  int diameter;
  float speed = 2.5;
  JitterBug(float tempX, float tempY, int tempDiameter) {
    x = tempX;
    y = tempY;
    diameter = tempDiameter;
  }
  void move() {
    x += random(-speed, speed);
    y += random(-speed, speed);
  }
  void display() {
    ellipse(x, y, diameter, diameter);
  }
}
```

🖉 프로세싱에는 코드를 자동으로 정렬하는 기능이 있다. Ctrl-T(맥의 경우 Cmd-T)를 누르면 블록의 계층 구조에 따라 코드 들여쓰기가 자동으로 정렬되어 한 줄씩 일일이 들여쓰기 하는 수고를 덜 수 있다. 하지만 중괄호의 쌍이 맞지 않을 때는 자동 정렬이 되지 않으니 주의하도록 한다.

```
Train red, blue;

void setup() {
  size(400, 400);
  red = new Train("Red Line", 90);
  blue = new Train("Blue Line", 120);
}

class Train {
  String name;
  int distance;
  Train (String tempName, int tempDistance) {
    name = tempName;
    distance = tempDistance;
  }
}
```

red 객체의 name 필드에
"Red Line"을 할당한다.

red 객체의 distance 필드에
90을 할당한다.

```
Train red, blue;

void setup() {
  size(400, 400);
  red = new Train("Red Line", 90);
  blue = new Train("Blue Line", 120);
}

class Train {
  String name;
  int distance;
  Train (String tempName, int tempDistance) {
    name = tempName;
    distance = tempDistance;
  }
}
```

blue 객체의 name 필드에
"Blue Line"을 할당한다.

blue 객체의 distance 필드에
120을 할당한다.

그림 10-1 생성자를 통해 객체 내부로 값을 전달하여 객체의 필드값을 초기화하는 모습

객체 만들기

이제 클래스도 정의했다. 하지만 프로그램에서 클래스의 정의를 활용하려면 먼저 클래스로부터 객체를 정의해서 만들어야 한다. 객체는 두 단계에 걸쳐 만든다.

1. 객체 변수를 선언한다.
2. new 키워드로 객체를 생성(초기화)한다.

예제 10-1: 하나의 객체 만들기

객체 만드는 방법을 설명하기 전에 먼저 프로세싱 스케치에서 객체를 활용하는 코드를 보고, 그다음 자세하게 설명하도록 한다.

```
JitterBug bug;  // 객체 선언

void setup() {
  size(480, 120);
  // 객체를 만들고 매개변수 전달
  bug = new JitterBug(width/2, height/2, 20);
}

void draw() {
  bug.move();
  bug.display();
}

class JitterBug {
  float x;
  float y;
  int diameter;
```

```
    float speed = 2.5;
    JitterBug(float tempX, float tempY, int tempDiameter) {
      x = tempX;
      y = tempY;
      diameter = tempDiameter;
    }

    void move() {
      x += random(-speed, speed);
      y += random(-speed, speed);
    }

    void display() {
      ellipse(x, y, diameter, diameter);
    }
}
```

모든 클래스는 일종의 자료형이다. 그리고 모든 객체는 해당 클래스의
변수다. 이런 객체 변수를 선언하는 방법은 기본 자료형인 boolean,
int, 그리고 float의 변수를 만드는 방법과 매우 흡사하다. 먼저 자료형
(클래스)을 쓰고 그다음 변수명(객체)을 쓴다.

```
JitterBug bug;
```

두 번째 단계에서는 new 키워드로 객체를 초기화한다. 객체를 사용하
려면 먼저 컴퓨터의 메모리에 객체가 사용할 수 있는 공간을 만들어야
한다. 이 과정을 초기화라고 한다. 초기화를 하려면 new 키워드를 쓰
고 그 오른편에 생성자를 호출하는 코드를 작성한다. 만약 생성자에
매개변수가 필요하다면 매개변수도 생성자에 기입해서 초기화한다.

```
JitterBug bug = new JitterBug(200.0, 250.0, 30);
```

위의 코드에서 괄호 안에 보이는 숫자 세 개는 JitterBug 클래스의 생성
자에게 전달되는 매개변수들이다. 매개변수의 개수와 자료형은 생성
자를 정의할 때 정의한 내역과 일치해야 한다.

예제 10-2: 여러 개의 객체 만들기

165쪽의 예제 10-1을 보면 새로운 표현이 나온다. 바로 마침표(점)를 사용해서 객체의 메서드를 호출하는 표현이다. 점 연산자는 객체 내의 필드 및 메서드를 객체의 이름과 연결하는 역할을 한다. 이번 예제의 두 객체를 살펴보면 점 연산자의 용도를 보다 잘 이해할 수 있을 것이다. 두 객체는 모두 하나의 클래스로부터 만들어졌다. 따라서 두 객체에는 모두 move() 메서드가 포함되어 있다. 하지만 jit.move() 함수는 jit라는 객체의 move() 메서드를 호출하는 표현이고 bug.move() 함수는 bug라는 객체의 move() 메서드를 호출하는 표현이다.

```
JitterBug jit;
JitterBug bug;

void setup() {
  size(480, 120);
  jit = new JitterBug(width * 0.33, height/2, 50);
  bug = new JitterBug(width * 0.66, height/2, 10);
}

void draw() {
  jit.move();
  jit.display();
  bug.move();
  bug.display();
}

class JitterBug {

  float x;
  float y;
```

```
int diameter;
float speed = 2.5;

JitterBug(float tempX, float tempY, int tempDiameter) {
  x = tempX;
  y = tempY;
  diameter = tempDiameter;
}

void move() {
  x += random(-speed, speed);
  y += random(-speed, speed);
}

void display() {
  ellipse(x, y, diameter, diameter);
}

}
```

탭

클래스 블록 안에는 클래스에 필요한 모든 필드와 메서드가 포함되어 있기 때문에 클래스는 자족적이며 독립적인 코드 모듈이다. 또한 객체는 클래스로부터 만들어지기 때문에 클래스를 수정하면 모든 관련 객체들도 영향을 받는다. 가령, JitterBug 클래스에 색상을 제어하는 필드나 크기를 제어하는 필드를 추가하면 모든 JitterBug 객체에도 해당 필드들이 추가된다. 이 값들을 변경하기 위해 클래스에 있는 생성자의 매개변수를 수정하거나 setColor() 또는 setSize() 같은 별도의 메서드를 만들면 관련 객체에도 해당 메서드들이 추가된다. 클래스는 자족적인 단위이기 때문에 얼마든지 다른 스케치로 쉽게 옮겨 재사용할 수 있다.

이제 프로세싱 개발 환경의 탭(그림 10-2)에 대해서 알아볼 때가 됐다. 탭을 사용하면 하나 이상의 프로세싱 파일에 코드를 분산시킬 수

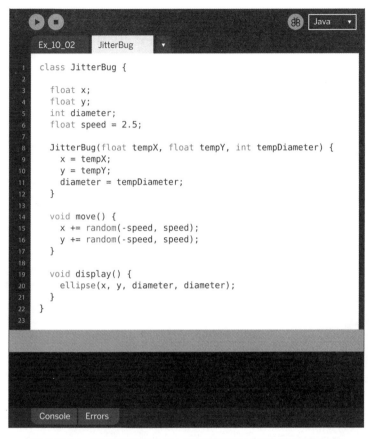

```
class JitterBug {

  float x;
  float y;
  int diameter;
  float speed = 2.5;

  JitterBug(float tempX, float tempY, int tempDiameter) {
    x = tempX;
    y = tempY;
    diameter = tempDiameter;
  }

  void move() {
    x += random(-speed, speed);
    y += random(-speed, speed);
  }

  void display() {
    ellipse(x, y, diameter, diameter);
  }
}
```

그림 10-2 코드는 여러 탭에 분산시킬 수 있다. 이렇게 하면 코드를 훨씬 더 쉽게 관리할 수 있다.

있다. 길고 긴 코드를 적절한 단위로 나누어 분산시키면 편집하기도
쉬울 뿐만 아니라 관리하기도 쉽다. 탭을 만들면 스케치 폴더에 프로
세싱 파일이 하나 추가된다. 보통 하나의 탭에는 하나의 클래스를 작
성한다. 이렇게 클래스와 탭을 관리하면 클래스의 모듈성도 십분 활용
할 수 있고 코드를 찾거나 수정할 때도 편하다.

새로운 탭을 만들려면 탭 바의 오른쪽에 있는 역세모꼴 화살표를 클릭해서 탭 관련 메뉴를 열고 '새 탭' 메뉴를 선택한다. 새로 열린 창에서 탭의 이름을 작성하고 OK를 누르면 탭이 추가된 모습을 볼 수 있다. 탭 만드는 방법을 이해했다면 앞 예제의 JitterBug 클래스를 새로운 탭으로 옮겨보도록 한다.

✎ 스케치 폴더를 열어보면 각 탭에 해당하는 .pde 파일이 생긴 것을 확인할 수 있다.

로봇 8: 객체

소프트웨어 객체는 메서드(함수)와 필드(변수)를 포함하고 있는 하나의 코드 묶음이다. 이번 예제의 로봇 클래스는 향후에 이 클래스로부터 만들 모든 로봇 객체의 요구 조건을 정의한다. 각 로봇 객체는 저마다의 위치와 이미지를 저장하는 필드를 갖고 있다. 또한 각 객체는 위치를 새로 고치고 이미지를 바꾸는 메서드도 갖고 있다.

setup()에 있는 Robot() 생성자는 로봇의 x 및 y 좌표, 그리고 로봇의 모습을 표현하는 .svg 파일의 이름을 매개변수로 받는다. tempX 및 tempY에 해당하는 매개변수를 생성자로 건네면 xpos 및 ypos 필드에 값이 전달된다. svgName 매개변수는 로봇의 모습을 표시하는 그림을 띄우는 데 사용된다. 객체들(bot1 및 bot2)의 생성자를 통해 전달하는 매개변수들이 서로 다른 만큼, 각 객체들은 저마다의 위치에 저마다의 모습으로 그려진다.

```
Robot bot1;
Robot bot2;

void setup() {
  size(720, 480);
  bot1 = new Robot("robot1.svg", 90, 80);
  bot2 = new Robot("robot2.svg", 440, 30);
}

void draw() {
  background(0, 153, 204);

  // 첫 번째 로봇을 새로 고치고 화면에 표시한다
  bot1.update();
  bot1.display();

  // 두 번째 로봇을 새로 고치고 화면에 표시한다
  bot2.update();
  bot2.display();
}

class Robot {
  float xpos;
  float ypos;
  float angle;
  PShape botShape;
  float yoffset = 0.0;

  // 생성자에서 필드의 초깃값을 설정한다
  Robot(String svgName, float tempX, float tempY) {
    botShape = loadShape(svgName);
```

```
    xpos = tempX;
    ypos = tempY;
    angle = random(0, TWO_PI);
  }

  // 필드를 새로 고친다
  void update() {
    angle += 0.05;
    yoffset = sin(angle) * 20;
  }

  // 화면에 로봇을 그린다
  void display() {
    shape(botShape, xpos, ypos + yoffset);
  }
}
```

11
배열

배열(array)은 일종의 목록이다. 그리고 이 목록, 즉 배열에는 이름을 붙일 수 있다. 배열은 목록이므로 하나 이상의 값을 저장할 수 있다. 덕분에 새로운 값을 저장할 때마다 새로운 변수를 만들어야 하는 수고를 줄일 수 있다. 뿐만 아니라 코드는 더욱 간결해지고, 읽기도 쉬워지며, 수정하기도 편해진다.

배열의 용도

만약 프로그램에서 관리해야 하는 변수의 수가 고작 한두 개 정도라면 굳이 배열을 사용할 필요가 없다. 사실, 규모가 작은 프로그램에서 배열을 사용하면 오히려 필요 이상으로 프로그램이 복잡해질 수도 있다. 하지만, 프로그램이 수많은 요소를 추적해야 하는 규모라면(가령, 우주를 배경으로 하는 게임에서 우주의 별들을 표현하거나 또는 방대한 정보를 시각화하는 프로그램의 경우) 배열을 사용해야 코드를 보다 쉽게 작성할 수 있다.

예제 11-1: 많은 변수

앞의 설명을 보다 잘 이해하려면 먼저 122쪽의 예제 8-3을 보자. 하나의 도형만 움직이면 되는 프로그램이라면 예제 8-3의 코드로도 충분하다. 하지만 움직여야 하는 도형이 두 개일 경우에는 어떨까? 새로운 x 좌표 변수도 만들어야 하고 draw()에는 x 변수를 업데이트하는 코드도 추가해야 한다.

```
float x1 = -20;
float x2 = 20;

void setup() {
  size(240, 120);
  noStroke();
}

void draw() {
  background(0);
  x1 += 0.5;
  x2 += 0.5;
  arc(x1, 30, 40, 40, 0.52, 5.76);
  arc(x2, 90, 40, 40, 0.52, 5.76);
}
```

예제 11-2: 변수가 너무 많을 때

앞의 예제에서 본 코드는 그마나 감당할 수 있는 수준이었다. 그렇다면 움직이는 원이 다섯 개로 늘어난다면 어떨까? 이미 있는 두 개의 변수 외에 추가로 세 개의 변수를 더 만들어야 한다.

```
float x1 = -10;
float x2 = 10;
float x3 = 35;
float x4 = 18;
float x5 = 30;

void setup() {
  size(240, 120);
  noStroke();
}

void draw() {
  background(0);
  x1 += 0.5;
  x2 += 0.5;
  x3 += 0.5;
  x4 += 0.5;
  x5 += 0.5;
  arc(x1, 20, 20, 20, 0.52, 5.76);
  arc(x2, 40, 20, 20, 0.52, 5.76);
  arc(x3, 60, 20, 20, 0.52, 5.76);
  arc(x4, 80, 20, 20, 0.52, 5.76);
  arc(x5, 100, 20, 20, 0.52, 5.76);
}
```

코드를 관리하기가 훨씬 어려워졌다.

예제 11-3: 변수 대신 배열

만약 움직이는 원이 3,000개로 늘어난다면 어떨까. 3,000개의 변수를 만들고, 각 변수를 새로 고치는 코드도 그만큼 만들어야 할 것이다. 이렇게 많은 변수들을 관리할 수 있을까? 아니, 그러고 싶기는 할까? 3,000개의 변수는 아무래도 무리다. 이런 상황에서는 변수 대신 배열을 사용해야 한다. 다음 예제를 실행해 보고 배열의 잠재력을 확인해 보도록 하자.

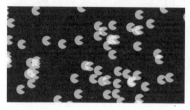 

```
float[] x = new float[3000];

void setup() {
  size(240, 120);
  noStroke();
  fill(255, 200);
  for (int i=0; i<x.length; i++) {
    x[i] = random(-1000, 200);
  }
}

void draw() {
  background(0);
  for (int i=0; i<x.length; i++) {
    x[i] += 0.5;
    float y=i*0.4;
    arc(x[i], y, 12, 12, 0.52, 5.76);
  }
}
```

이 예제에 대해서는 앞으로 자세히 알아보도록 한다.

배열 만들기

배열 안에 있는 각 항목은 요소(element)라고 부른다. 배열에는 수많은 요소들이 있을 수 있으며, 각 요소는 하나의 변수와 같아서 하나의 값을 저장할 수 있다. 각 요소는 배열에서 특정한 위치를 차지한다. 이 위치는 인덱스(index)라는 값으로 표현한다. 인덱스의 첫 번째 값은 0부터 시작한다(이는 화면의 좌푯값과 마찬가지다). 가령, 배열에 있는 첫 번째 요소의 인덱스값은 0이고 두 번째 요소의 인덱스값은 1이며 세 번째 요소의 인덱스값은 2다. 따라서 배열에 20개의 값이 저장되어 있다면, 즉 배열에 있는 요소의 개수가 20개라면 마지막 요소의 인덱스값은 19가 된다. 그림 11-1은 배열의 개념적 구조를 보여준다.

int[] years = { 1920, 1972, 1980, 1996, 2010 };

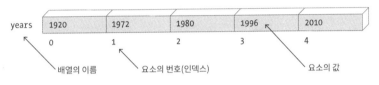

그림 11-1 배열은 이름이 같은 하나 또는 그 이상의 변수들로 이루어진 목록이다.

배열을 다루는 방법은 변수를 다루는 방법과 비슷한 면이 많다. 즉, 배열도 변수처럼 자료형과 이름을 정해서 선언한 다음 초기화해야 한다. 여러분도 이미 알고 있듯이, x라고 하는 정수형 변수는 다음과 같이 만든다.

int x;

정수형 배열을 만들 때는 자료형 다음에 대괄호 한 쌍을 기입한다.

int[] x;

배열의 진정한 강점은 단지 코드 한 줄로 2, 10 또는 100,000개의 변수들(즉 요소들)을 만들 수 있다는 것이다. 가령, 다음은 정수형 배열의 길이를 2,000개로 정하는 코드다. 배열의 길이 또는 크기를 정한다는 표현은 배열에 저장할 수 있는 요소의 수를 설정한다는 의미다.

```
int[] x = new int[2000];
```

프로세싱의 모든 자료형은 배열을 지원한다. 즉, 사용자는 boolean, float, String, PShape 자료형의 배열을 만들 수 있다. 뿐만 아니라 사용자가 정의한 클래스를 배열로 만들 수도 있다. 가령, 다음 코드는 32개의 PImage 자료형 변수를 저장할 수 있는 배열을 만든다.

```
PImage[] images = new PImage[32];
```

배열을 만들려면 먼저 자료형을 쓰고 자료형 오른쪽에 빈 대괄호를 붙인다. 그런 다음 배열의 이름을 쓰고 할당 연산자(= 표시)를 추가한다. 할당 연산자의 우변에는 new 키워드를 쓰고 이어서 자료형을 한 번 더 쓴다. 자료형의 오른쪽에는 대괄호를 추가하고 대괄호 안에 생성할 요소의 수를 기입한다. 프로세싱의 모든 자료형은 이러한 양식으로 배열을 만들 수 있다.

> 특정한 자료형의 배열에는 해당 자료형(boolean, int, float, PImage 등)의 값만 저장할 수 있다. 즉, 서로 다른 자료형의 값을 하나의 배열에 저장할 수는 없다. 만약 서로 다른 자료형을 한곳에 저장해야만 한다면 배열 대신 객체를 사용하도록 한다.

배열에 대해 더 알아보기 전에 배열 만드는 과정을 다시 한번 자세히 살펴보도록 하자. 객체를 만들 때와 마찬가지로 배열을 만드는 과정도 세 단계로 이루어진다.

1. 배열을 선언하고 자료형을 정의한다.
2. new 키워드로 배열을 만들고 배열의 길이(배열을 구성하는 요소의 수)를 정한다.

3. 배열의 각 요소에 값을 할당한다.

각 단계는 별도의 행에서 따로 진행될 수도 있고, 또는 코드 한 줄에서 한번에 진행될 수도 있다. 이어지는 세 개의 예제는 두 개의 정수(12와 2)를 저장하는 x라는 배열을 만드는 방법을 보여준다. setup() 이전과 setup() 안에서 어떤 코드들이 어떻게 사용되고 있는지 주의 깊게 살펴 보자.

예제 11-4: 배열 선언, 생성, 값 할당을 따로 하기

먼저, 배열을 선언하는 과정은 setup() 밖에서 이루어진다. 그 다음 배열을 만들고 배열의 요소에 값을 할당하는 과정은 setup() 안에서 각각 진행된다. x[0]이라는 표현은 x라는 배열의 첫 번째 요소를 지칭하고 x[1]이라는 표현은 x라는 배열의 두 번째 요소를 지칭한다.

```
int[] x;              // 배열을 선언한다

void setup() {
  size(200, 200);
  x = new int[2];     // 배열을 생성한다
  x[0] = 12;          // 첫 번째 요소에 값을 할당한다
  x[1] = 2;           // 두 번째 요소에 값을 할당한다
}
```

예제 11-5: 배열 선언과 생성을 동시에 하기

이번에는 조금 간결하게 배열을 만들어 본다. 스케치의 첫 줄을 보면 배열을 선언하고 생성하는 과정이 한 줄의 코드에서 이루어지는 모습이 보인다. 한편, 배열의 요소에 값을 할당하는 과정은 setup() 함수 안에서 진행된다.

```
int[] x = new int[2];   // 배열을 선언 및 생성한다
```

```
void setup() {
  size(200, 200);
  x[0] = 12;          // 첫 번째 요소에 값을 할당한다
  x[1] = 2;           // 두 번째 요소에 값을 할당한다
}
```

예제 11-6: 배열 선언부터 할당까지 한 번에 진행하기

아예 코드 한 줄로 배열을 선언하고 만들어서 요소의 값까지 할당하는
방식도 있다.

```
int[] x = { 12, 2 };  // 배열을 선언 및 생성하고 값도 할당한다
void setup() {
  size(200, 200);
}
```

> 🖉 draw() 내에서는 가급적이면 배열을 생성하지 않도록 한다. 매 프레임마다 배
> 열을 만들면 프레임 속도가 떨어질 수도 있기 때문이다.

예제 11-7: 첫 번째 예제 다시 보기

배열을 사용하는 방법을 다시 한번 완전하게 정리하기 위해 174쪽의
예제 11-1을 다음과 같이 고쳐 썼다. 175쪽의 예제 11-3에서 보았던 배
열의 강점은 이번 예제에 반영하지 않았지만 배열의 주요 개념은 이해
할 수 있을 것이다.

```
float[] x = {-20, 20};

void setup() {
  size(240, 120);
  noStroke();
}

void draw() {
  background(0);
  x[0] += 0.5;  // 첫 번째 요소의 값을 증가시킨다
  x[1] += 0.5;  // 두 번째 요소의 값을 증가시킨다
  arc(x[0], 30, 40, 40, 0.52, 5.76);
  arc(x[1], 90, 40, 40, 0.52, 5.76);
}
```

반복문과 배열

51쪽의 'for 반복문'에서 보았던 for 반복문은 배열과 매우 궁합이 잘 맞는다. 반복문을 사용하면 간결한 코드로도 방대한 배열을 수월하게 다룰 수 있다. 기본적인 개념은 반복문을 통해 배열의 각 요소를 차례차례 하나씩 관리하는 것이다. 이렇게 하려면 먼저 배열의 길이를 알아야 한다. 모든 배열에는 length라는 필드가 포함되어 있는데, 이 필드에는 배열에 있는 요소의 수, 즉 배열의 길이가 저장된다. length 필드를 사용하려면 배열의 이름 다음에 점 연산자(마침표)를 찍고 length를 기입한다. 아래 코드를 보자.

```
int[] x = new int[2];      // 배열 선언 및 생성
println(x.length);         // 콘솔에 2가 출력됨

int[] y = new int[1972];   // 배열 선언 및 생성
println(y.length);         // 콘솔에 1972가 출력됨
```

예제 11-8: for 반복문으로 배열에 값 할당하기

배열에 값을 할당하거나 배열에서 값을 읽을 때도 for 반복문을 사용하는 편이 훨씬 효율적이다. 이번 예제에서는 먼저 setup()에서 배열에 난수를 채운다. 그 다음 draw()에서 배열의 값을 읽어 선의 색깔에 반영한다. 프로그램을 새로 실행할 때마다 배열에는 새로운 난수가 할당되어 선의 색깔도 매번 다르게 표현된다.

```
float[] gray;

void setup() {
  size(240, 120);
  gray = new float[width];
  for (int i = 0; i < gray.length; i++) {
    gray[i] = random(0, 255);
  }
}

void draw() {
  for (int i = 0; i < gray.length; i++) {
    stroke(gray[i]);
    line(i, 0, i, height);
  }
}
```

예제 11-9: 마우스의 움직임 추적하기

이번 예제에서는 마우스의 위치를 두 개의 배열에 저장한다. 첫 번째
배열에는 마우스의 x 좌표들을 저장하고 두 번째 배열에는 마우스의
y 좌표들을 저장한다. 이 두 배열에는 모두 60프레임에 해당하는 마우
스의 좌표들이 저장된다. 매번 프레임을 실행할 때마다 배열에서 가장
오래된 x 및 y 좌푯값은 지우고 현재의 mouseX 및 mouseY의 값은 추
가한다. 이 작업을 하려면 먼저 배열에 있는 모든 요소의 값을 한 자리
씩 오른쪽으로 옮겨서 배열의 왼쪽에 새로운 값을 추가할 수 있는 자
리를 마련해야 한다. 값을 오른쪽으로 옮길 때는 배열의 맨 오른쪽 자
리에, 이웃해 있는 바로 왼쪽 자리의 값을 할당한다. 그다음 한 칸 왼
쪽의 자리에서도 오른쪽의 자리에 왼쪽 자리의 값을 할당한다. 이 과
정을 배열의 맨 왼쪽 자리까지 차례로 진행한다. 마지막에는 배열의
맨 왼쪽 자리, 즉 배열의 첫 번째 자리에 마우스의 현재 위칫값을 추가
한다. 이 예제는 배열의 값을 한 칸씩 오른쪽으로 옮기고 맨 왼쪽에 새
로운 값을 추가하는 전형적인 방법을 보여준다. 화면에는 60개의 원들
이 마우스의 궤적을 따라 그려지는 모습이 나타난다.

 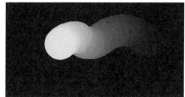

```
int num = 60;
int[] x = new int[num];
int[] y = new int[num];

void setup() {
  size(240, 120);
  noStroke();
}

void draw() {
  background(0);
  // 배열의 값들을 하나씩 오른쪽으로 복사한다
  for (int i = x.length-1; i > 0; i--) {
    x[i] = x[i-1];
    y[i] = y[i-1];
  }
  x[0] = mouseX; // 첫 번째 요소의 값을 설정한다
  y[0] = mouseY; // 첫 번째 요소의 값을 설정한다
  for (int i=0; i<x.length; i++) {
    fill(i * 4);
    ellipse(x[i], y[i], 40, 40);
  }
}
```

🖉 이번 예제 및 그림 11-2를 통해 설명하고 있는, 배열의 값들을 한 칸씩 오른쪽으로 옮기는 기법은 모듈로(%) 연산자를 사용해서 동일한 결과를 산출하는 기법에 비하면 다소 비효율적이다. 모듈로 연산자를 사용하는 기법에 대해서는 프로세싱의 파일→예제...→Basics→Input→StoringInput에서 보다 자세하게 설명하고 있으니 참고하기 바란다.

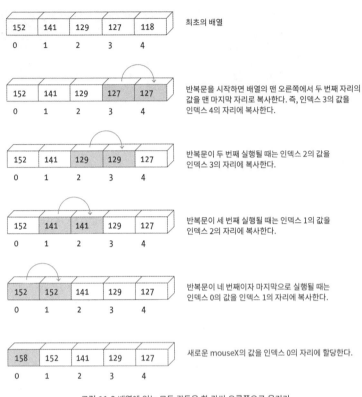

최초의 배열

반복문을 시작하면 배열의 맨 오른쪽에서 두 번째 자리의 값을 맨 마지막 자리로 복사한다. 즉, 인덱스 3의 값을 인덱스 4의 자리에 복사한다.

반복문이 두 번째 실행될 때는 인덱스 2의 값을 인덱스 3의 자리에 복사한다.

반복문이 세 번째 실행될 때는 인덱스 1의 값을 인덱스 2의 자리에 복사한다.

반복문이 네 번째이자 마지막으로 실행될 때는 인덱스 0의 값을 인덱스 1의 자리에 복사한다.

새로운 mouseX의 값을 인덱스 0의 자리에 할당한다.

그림 11-2 배열에 있는 모든 값들을 한 칸씩 오른쪽으로 옮기기

객체의 배열

이번 절의 두 예제에는 이 책의 주요 개념들, 즉 변수, 반복문, 조건문, 함수, 객체 그리고 배열이 모두 포함되어 있다. 객체의 배열을 만드는 작업은 앞서 보았던 배열 만들기와 거의 같지만 한 가지 더 고려해야 할 것이 있다. 객체 배열의 요소는 객체이므로, 앞서 우리가 객체를 생성하던 때와 마찬가지로, 객체를 배열에 할당하기 전에 먼저 new 키워드로 객체를 생성해야 한다. 가령, JitterBug와 같이 사용자가 정의

한 클래스(10장 참고)의 경우, new 키워드로 각 객체를 초기화한 다음 배열에 할당해야 한다는 의미다. 한편, PImage와 같이 프로세싱에 내장된 클래스는 loadImage() 함수와 같이 각 클래스에 적합한 생성자를 사용해서 객체를 생성한 다음 배열에 할당해야 한다.

예제 11-10: 객체의 배열 사용하기

이번 예제에서는 33개의 JitterBug 객체가 저장된 배열을 setup()에서 만든 다음 draw()에서 배열의 각 객체를 업데이트하고 화면에 표시한다. 이 예제를 정상적으로 실행하려면 예제 10-1의 JitterBug 클래스를 이 예제 코드에 추가해야 한다.

```
JitterBug[] bugs = new JitterBug[33];

void setup() {
  size(240, 120);
  for (int i = 0; i < bugs.length; i++) {
    float x = random(width);
    float y = random(height);
    int r = i + 2;
    bugs[i] = new JitterBug(x, y, r);
  }
}

void draw() {
  for (int i = 0; i < bugs.length; i++) {
    bugs[i].move();
    bugs[i].display();
  }
}

// 이곳에 예제 10-1의 JitterBug 클래스를 추가한다
```

예제 11-11: 객체 배열을 사용하는 또 다른 방식

객체의 배열을 다룰 때는 '향상된' for 반복문이라고 부르는 새로운 유형의 반복문을 사용할 수 있다. 185쪽의 예제 11-10에 나오는 것과 같은 일반적인 for 반복문은 i 변수와 같이 반복문의 반복 횟수를 세는 변수를 만들어서 사용한다. 하지만 향상된 for 반복문에서는 이러한 변수가 없어도 배열이나 목록의 요소들을 처리하는 반복 작업을 실행할 수 있다. 이번 예제에는 bug 배열이 나온다. 이 배열에는 JitterBug 클래스의 객체가 들어 있다. 향상된 반복문에서는 배열에 포함된 각 객체를 b라는 객체에 할당해서 b의 move() 및 display() 메서드를 실행하고 있다.

향상된 for 반복문을 사용하면 일반적인 for 반복문보다 코드를 훨씬 간략하게 작성할 수 있다. 한편, setup()에서는 향상된 for 반복문 대신 변수 i를 사용하는 일반적인 for 반복문을 그대로 썼다. 그 이유는 i 변수를 생성자의 매개변수로 활용해야 하기 때문이다. 향상된 for 반복문이 간략하기는 하지만 때로는 i 값을 활용하는 for 반복문을 써야 하는 경우도 있다.

```
JitterBug[] bugs = new JitterBug[33];

void setup() {
  size(240, 120);
  for (int i = 0; i < bugs.length; i++) {
    float x = random(width);
    float y = random(height);
    int r = i + 2;
    bugs[i] = new JitterBug(x, y, r);
  }
}

void draw() {
  for (JitterBug b : bugs) {
    b.move();
    b.display();
```

```
    }
}
```

// 이곳에 예제 10-1의 JitterBug 클래스를 추가한다

다음에 이어지는 마지막 배열 예제는 일련의 이미지를 불러온 다음 각
이미지를 PImage 객체의 배열에 저장한다.

예제 11-12: 일련의 이미지들

이번 예제를 실행하려면 7장에서 다운로드했던 media.zip 파일 안의
이미지들이 필요하다. 이미지들의 이름은 순차적으로 부여되어 있다
(frame-0000.png, frame-0001.png 등). 덕분에 아래 코드의 여덟 번째
줄에서 볼 수 있듯이, for 반복문 내에서 각 이미지의 이름을 차례로 조
합하는 일이 가능하다.

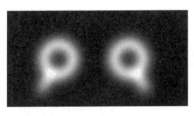 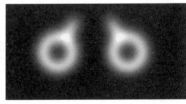

```
int numFrames = 12;  // 이미지의 개수
PImage[] images = new PImage[numFrames];  // 배열을 만든다
int currentFrame = 0;

void setup() {
  size(240, 120);
  for (int i = 0; i < images.length; i++) {
    String imageName = "frame-" + nf(i, 4) + ".png";
    images[i] = loadImage(imageName);  // 각 이미지를 불러온다
  }
  frameRate(24);
}

void draw() {
  image(images[currentFrame], 0, 0);
```

```
  currentFrame++;        // 다음 프레임 번호로 바꾼다
  if (currentFrame >= images.length) {
    currentFrame = 0;   // 첫 프레임 번호로 바꾼다
  }
}
```

nf() 함수는 숫자를 일정한 양식의 문자열로 바꾼다. 가령, nf(1, 4)
라고 하면 문자열 "0001"을 얻을 수 있고 nf(11, 4)라고 하면 문자열
"0011"을 얻을 수 있다. 이 문자열을 파일 이름의 앞부분(frame-) 및 뒷
부분(.png)과 결합하면 문자열 형식의 온전한 파일 이름을 만들 수 있
다. 그 아래의 코드에서는 이미지 파일을 불러와서 배열에 할당한다.
이미지를 하나씩 화면에 표시하는 코드는 draw()에 나온다. 배열의 마
지막 이미지까지 표시하고 나면 프로그램은 배열의 첫 부분으로 돌아
가서 첫 번째 이미지부터 다시 순차적으로 화면에 표시한다.

로봇 9: 배열

배열을 사용하면 프로그램에서 수많은 요소를 좀 더 수월하게 다룰 수 있다. 이 예제의 코드 맨 윗줄을 보면 Robot 객체의 배열을 선언하는 코드가 있다. 그다음 setup()에서는 for 반복문으로 20개의 Robot 객체들을 만들어 bots 배열에 할당한다. draw()에서는 또 다른 for 반복문으로 bots 배열에 있는 요소들을 업데이트하고 화면에 표시한다.

for 반복문과 배열이 만나면 강력한 기능을 발휘할 수 있다. 이번 예제와 로봇 8(170쪽의 '로봇 8: 객체' 참고)의 시각적 차이는 매우 크다. 하지만 그에 비해 코드의 차이는 그다지 크지 않다. 배열을 만들어서 for 반복문으로 제대로 처리하면 단지 3개의 요소만으로도 3,000개의 요소 못지않은 효과를 낼 수 있다.

이번의 로봇 9와 앞 장에서 보았던 로봇 8과의 가장 큰 차이는 Robot 클래스에서 SVG 파일을 불러오는 대신 setup()에서 불러오고 있다는 점이다. 이러한 변경은 파일을 불러오는 횟수를 최소한으로 줄이기 위해 취해진 조치다. 즉, 이번의 로봇과 같이 코드를 변경하면 setup()에서 파일을 한 번만 불러와도 된다. 하지만, 앞 장의 Robot 클래스와 코드를 그대로 사용한다면 배열의 길이(이번 예제의 경우 배열의 길이는 20이다)만큼 파일을 불러와야 한다. 코드를 변경한 덕분에 파일을 불러오는 횟수가 줄어서 프로그램은 보다 빨리 시작하고 메모리 점유율도 대폭 줄어든다. 즉, 이번 예제에서는 bots 배열의 각 요소들이 모두 하나의 SVG 파일을 참조하고 있다.

```
Robot[] bots;  // 로봇 객체의 배열을 선언한다

void setup() {
  size(720, 480);
  PShape robotShape = loadShape("robot2.svg");
  // 로봇 객체의 배열을 생성한다
  bots = new Robot[20];
  // 각 객체를 생성한다
```

```
  for (int i = 0; i < bots.length; i++) {
    // 임의의 x 좌표를 만든다
    float x = random(-40, width-40);
    // y 좌표를 순서대로 할당한다
    float y = map(i, 0, bots.length, -100, height-200);
    bots[i] = new Robot(robotShape, x, y);
  }
}

void draw() {
  background(0, 153, 204);
  // bot 배열의 각 요소들을 업데이트하고 화면에 표시한다
  for (int i = 0; i < bots.length; i++) {
    bots[i].update();
    bots[i].display();
  }
}

class Robot {
  float xpos;
  float ypos;
  float angle;
  PShape botShape;
  float yoffset = 0.0;

  // 생성자에서 초깃값을 설정한다
  Robot(PShape shape, float tempX, float tempY) {
    botShape = shape;
    xpos = tempX;
    ypos = tempY;
    angle = random(0, TWO_PI);
  }

  // 필드를 업데이트한다
  void update() {
    angle += 0.05;
    yoffset = sin(angle) * 20;
  }

  // 화면에 로봇을 그린다
  void display() {
    shape(botShape, xpos, ypos + yoffset);
  }
}
```

12
데이터

데이터를 시각화하는 분야는 코딩과 그래픽 디자인이 가장 활발하게 교차하는 지점 중 하나며 또한 프로세싱이 가장 빛을 발하는 분야이기도 하다. 이 장에서는 이 책의 앞부분에서 다루었던 데이터를 저장하고 불러오는 내용을 토대로 보다 심층적으로 데이터를 다루는 기법을 살펴본다. 그리고 시각화에 자주 사용되는 데이터 구조를 소개하고 그 사용법에 대해서도 알아본다.

막대그래프나 산포도와 같이 데이터를 표준적인 방식으로 시각화하는 소프트웨어는 이미 시중에 많이 있다. 하지만 자신이 직접 밑바닥부터 코드를 작성해서 데이터를 시각화하면 훨씬 다양하고 독창적인 시각적 구현물을 제시할 수 있을 뿐만 아니라 사용자가 구현물을 부분적으로 제어할 수 있는 기능까지 제공할 수 있다. 덕분에 사용자들은 데이터에 대해 더욱 능동적으로 상상하고, 탐험할 수 있으며 나아가 사용자 자신만의 독특한 데이터 재현물을 만들 수도 있다. 우리는 프로세싱과 같은 소프트웨어를 배워서 코드를 작성하는 가장 중요한 이유 중 하나가 바로 이렇게 독창적인 구현물을 제시하여 사용자에게 다채로운 경험을 제공할 수 있기 때문이라고 생각한다. 이는 기존의 소프트웨어들이 제공하는 제한된 명령이나 도구들을 사용하는 것보다 훨씬 흥미로운 방식이기도 하다.

데이터에 대하여

데이터에 대해 본격적으로 논의하기 전에 이 책의 앞부분에서 데이터에 대해 언급한 내용을 다시 되짚어 보도록 하자. 프로세싱에서는 데이터를 변수에 저장한다. 우리는 원시 변수부터 사용했다. 여기서 '원시'라는 말은 바로 하나의 데이터라는 의미다. 가령, int 자료형 변수는 하나의 정수만 저장할 수 있을 뿐, 두 개 이상의 정수를 동시에 저장할 수는 없다. '자료형'이라는 개념은 매우 중요하다. 각 자료형은 고유한 특징을 가지며 서로 다른 방식으로 데이터를 저장한다. 부동소수점수(소수점을 포함하고 있는 숫자), 정수(소수점을 포함하지 않는 숫자), 그리고 영숫자 기호(글자와 숫자)는 모두 서로 다른 자료형이며 float, int 그리고 char에 해당하는 데이터만 각각 저장할 수 있다.

배열은 하나의 변수 이름에 여러 개의 데이터를 저장할 수 있도록 고안된 자료형이다. 가령, 181쪽의 예제 11-8을 보면 선의 색깔 값을 설정하는 수백 개의 부동소수점수를 하나의 배열에 저장하는 코드가 있다. 프로세싱은 모든 원시 자료형의 배열을 만들 수 있다. 단, 배열에도 자료형이 있으므로 자료형이 다른 데이터를 섞어서 저장할 수는 없다. 만약 두 개 이상의 서로 다른 자료형 데이터를 하나의 데이터 구조에 저장해야 한다면 class를 만들어서 사용하도록 한다.

String, PImage, PFont 그리고 PShape와 같은 클래스는 하나 이상의 데이터 요소를 저장할 수 있다. 클래스는 그 자체가 하나의 고유한 자료형이다. 가령, String은 하나 이상의 글자, 단어, 문장, 문단 또는 그 이상의 글자를 저장할 수 있다. 뿐만 아니라 데이터의 길이를 반환하거나 글자를 대문자나 소문자로 변환하는 메서드도 갖고 있다. PImage의 경우에는 pixels라는 배열을 갖고 있으며 또한 이미지의 너비와 높이를 저장하는 변수도 갖고 있다.

String, PImage 그리고 PShape 클래스의 객체들은 코드 내에서 정의할 수도 있지만 스케치의 'data' 폴더 안에 있는 파일로 정의할 수도 있다. 가령, PImage 클래스의 객체는 'data' 폴더에 있는 이미지 파일의 데이터를 이용해서 정의할 수 있다. 이 장의 예제들도 외부의 파일에 기입된 데이터를 읽어서 스케치에 불러온다. 단, 새로운 데이터 형식과 구조가 등장하는 만큼 새로운 클래스를 사용할 것이며, 보다 다양한 방식으로 데이터를 다루게 될 것이다.

이 장에서는 먼저 Table 클래스에 대해 설명한다. Table 클래스는 행과 열로 이루어진 표 데이터를 다룰 때 사용한다. JSONObject와 JSONArray 클래스는 JSON 형식으로 작성된 파일에서 데이터를 읽거나 쓸 때 사용한다. Table, JSONObject 그리고 JSONArray에 대해서는 다음 절에서 보다 상세하게 설명한다.

비록 이 책에서는 다루고 있지 않지만 XML 자료형 또한 프로세싱에서 요긴하게 사용할 수 있는 자료형이니 프로세싱 레퍼런스를 참고하도록 한다.

표

우리는 일상에서 수많은 표(Table)를 본다. 표는 행(row)과 열(column)의 구조로 데이터 집합을 표현하는 양식이다. 표는 매우 유용하기에 프로세싱도 표를 보다 수월하게 다룰 수 있도록 Table 클래스를 제공한다. 엑셀과 같은 스프레드시트를 사용한 경험이 있다면 표를 다루는 작업을 훨씬 쉽게 이해할 수 있을 것이다. 프로세싱은 파일에서 표를 읽어 낼 수도 있고 코드로 직접 표를 만들 수도 있다. 뿐만 아니라 원하는 행이나 열에 데이터를 쓰거나 읽을 수 있고 특정한 칸만 수정할 수도 있다. 이 장에서는 표의 데이터를 다루는 방법을 집중적으로 살펴본다.

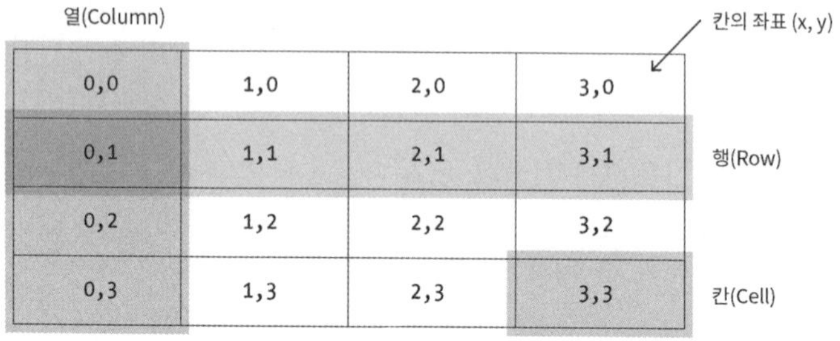

그림 12-1 표는 칸들이 격자 모양으로 모여 있는 구조다. 행은 수평으로 나열된 요소를 지칭하며 열은 수직으로 나열된 요소를 지칭한다. 프로세싱은 행, 열 그리고 각 칸의 데이터를 모두 다룰 수 있다.

표는 평범한 텍스트 형식의 파일로 저장할 수 있다. 표를 텍스트로 저장할 때는 행은 줄바꿈으로, 열에 있는 각 데이터(값)는 쉼표나 탭으로 구분한다. 쉼표로 값을 구분하는 방식은 통상 CSV(comma-separated values)라고 줄여 부르며, 이런 값을 텍스트 파일로 저장할 때는 .csv를 확장자로 사용한다. 한편, 쉼표 대신 탭으로 값을 구분할 때는 통상 .tsv라는 확장자로 저장한다.

프로세싱에서 CSV 또는 TSV 파일을 불러오려면 먼저 해당 파일을 스케치의 data 폴더에 넣어야 한다(data 폴더에 대해서는 7장에서 자세하게 설명하고 있으니 참고하도록 한다). 그런 다음 loadTable() 함수로 파일의 데이터를 읽어서 Table 클래스의 객체에 할당한다.

이어지는 예제들은 파일에 저장된 데이터의 일부분만 예시로 보여주고 있다. 만약 독자가 새로운 프로세싱 창에서 예제 코드를 처음부터 직접 작성한다면 스케치를 실행하기 전에 .csv, .json 또는 .tsv 파일을 스케치의 data 폴더 안에 넣어야 예제의 그림과 동일한 결과를 얻을 수 있다. 이 파일들은 다운로드한 예제 스케치의 data 폴더(16쪽의 '예제와 레퍼런스'에 자세한 설명이 있음)에 있으니 사용하도록 한다.

다음 예제에서 사용할 데이터는 보스턴 레드삭스 팀의 선수인 다비드 오르티스의 야구 기록 중 1997년부터 2014까지의 자료를 간추린 것이다. 데이터는 왼쪽부터 오른쪽으로 숫자를 나열하고 있으며 각 숫자는 연도, 홈런, 타점 그리고 타율을 나타낸다. 텍스트 편집기에서 데이터 파일을 맨 처음 다섯 개의 줄로 나열된 숫자들이 아래와 같이 보일 것이다.

```
1997, 1, 6, 0.327
1998, 9, 46, 0.277
1999, 0, 0, 0
2000, 10, 63, 0.282
2001, 18, 48, 0.234
```

예제 12-1: 표 읽기

파일에 기록된 표 데이터를 프로세싱에서 읽으려면 우선 Table 클래스의 객체를 하나 만들어야 한다. 예제에서는 이 객체를 stats라고 이름 지었다. 이어서 loadTable() 함수로 스케치북의 data 폴더에 있는 ortiz.csv 파일을 불러와서 stats 변수에 저장한다. 그다음 for 반복문으로 표의 각 행을 차례로 읽으며 행에 있는 정수와 부동소수점수를 각각 getInt() 함수와 getFloat() 함수로 읽어서 int 및 float 변수에 저장한다. getRowCount() 메서드를 사용하면 불러온 데이터 파일에 몇 개의 행이 있는지 알 수 있다. 오리티스 선수의 통계 자료는 1997년부터

2014년까지만 간추렸으므로 읽어야 할 행의 수는 모두 18개다.

```
Table stats;

void setup() {
  stats = loadTable("ortiz.csv");
  for (int i = 0; i < stats.getRowCount(); i++) {
    // 파일의 i번째 행, 0번째 열에서 정수를 읽는다
    int year = stats.getInt(i, 0);
    // i번째 행, 1번째 열에서 정수를 읽는다
    int homeRuns = stats.getInt(i, 1);
    int rbi = stats.getInt(i, 2);
    // 부동소수점수를 읽는다
    float average = stats.getFloat(i, 3);
    println(year, homeRuns, rbi, average);
  }
}
```

for 반복문 안에 있는 getInt()와 getFloat() 메서드는 표에서 정수나 부동소수점수 데이터를 읽을 때 각각 사용하는 메서드다. 정수 데이터를 읽을 때는 getInt() 메서드를, 부동소수점수를 읽을 때는 getFloat() 메서드를 각각 구분하여 사용해야 한다. 한편, 이 메서드들은 두 개의 매개변수를 받는다. 첫 번째 매개변수는 읽을 데이터가 위치한 행을, 그리고 두 번째 매개변수는 읽을 데이터의 열을 특정한다.

예제 12-2: 표를 시각화하기

이번 예제는 앞의 예제를 조금 더 발전시켰다. 앞의 예제는 데이터를 읽어서 콘솔에 출력하는데 그쳤지만 이번에는 데이터를 그래프로 표현한다. 먼저 homeRuns라는 배열을 만든다. 그다음 setup()에서 파일의 데이터를 읽어서 배열에 저장하고 draw()에서는 homeRuns에 저장된 데이터를 그래프로 표현한다. 스케치에는 for 반복문이 세 번 나온다. 각 for 반복문은 homeRuns 배열의 길이인 homeRuns.length만큼 코드 블록을 반복해서 실행한다.

스케치에서는 homeRuns 배열도 세 번 사용한다. 첫 번째는 setup()
에서 데이터 파일에 저장된 행의 수만큼 배열의 크기를 정의하고 for
반복문을 통해 각 행의 정수(홈런의 수)를 읽어서 저장하는 데 쓴다.
두 번째는 draw()에서 homeRuns 배열에 있는 요소의 개수만큼 그래
프에 흰 수직선들을 그리는 데 사용한다. 세 번째는 역시 draw()에서
배열에 있는 각 요소의 값을 반영하는 빨간색 선을 그리기 위해 사용
한다. setup()에서 파일의 데이터를 불러와서 배열에 저장한 이후의 과
정은 11장에서 배운 내용을 응용한 것이다.

이 예제를 실행하면 1997년부터 2014년까지 보스턴 레드삭스 팀의
다비드 오르티스 선수가 남긴 홈런 기록을 프로세싱으로 시각화한 모
습을 볼 수 있다.

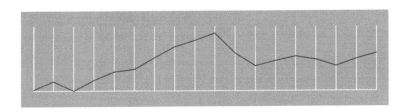

```
int[] homeRuns;

void setup() {
  size(480, 120);
  Table stats = loadTable("ortiz.csv");
  int rowCount = stats.getRowCount();
  homeRuns = new int[rowCount];
  for (int i = 0; i < homeRuns.length; i++) {
    homeRuns[i] = stats.getInt(i, 1);
  }
}

void draw() {
  background(204);
  // 그래프의 배경을 그린다
  stroke(255);
```

```
line(20, 100, 20, 20);
line(20, 100, 460, 100);
for (int i = 0; i < homeRuns.length; i++) {
  float x = map(i, 0, homeRuns.length-1, 20, 460);
  line(x, 20, x, 100);
}
// 홈런 데이터를 그래프로 시각화한다
noFill();
stroke(204, 51, 0);
beginShape();
for (int i = 0; i < homeRuns.length; i++) {
  float x = map(i, 0, homeRuns.length-1, 20, 460);
  float y = map(homeRuns[i], 0, 60, 100, 20);
  vertex(x, y);
}
endShape();
}
```

이 예제는 매우 단순해서 데이터를 군이 배열에 저장할 필요가 없을 정
도다. 하지만 앞으로 보다 복잡한 그래프를 만들려면 반드시 이해하고
있어야 할 개념들을 소개하기 위해 배열을 사용했다. 한편, 이 예제의
그래프에는 더 많은 정보를 추가할 여지가 아직도 많이 남아 있다. 가
령, 수직축에 홈런의 수를 표시하거나 수평축에 연도를 표시해서 그래
프가 조금 더 명확한 정보를 전달할 수 있게 만들 수도 있을 것이다.

예제 12-3: 29,740개의 도시들

이번 예제에서는 프로세싱으로 표를 다룰 때의 이점을 보다 잘 이해할
수 있도록 훨씬 많은 양의 데이터를 처리하는 방법을 알아보도록 한다.
이번에 사용할 표의 첫 번째 행은 다른 행들과 다르다. 이 첫 번째 행
은 '헤더(header)'라고 해서 표에 있는 각 열의 라벨에 해당하며 덕분에
데이터의 내용을 보다 명확하게 파악하는 데 도움이 된다. 아래 보이
는 다섯 개 줄의 데이터는 cities.csv라는 새로운 데이터 파일의 앞부분
이다.

```
zip,state,city,lat,lng
35004,AL,Acmar,33.584132,-86.51557
35005,AL,Adamsville,33.588437,-86.959727
35006,AL,Adger,33.434277,-87.167455
35007,AL,Keystone,33.236868,-86.812861
```

헤더는 데이터의 가독성을 높인다. 가령, 우리는 파일의 첫 번째 줄, 즉 우편번호(zip), 주(state), 도시(city), 위도(lat), 경도(lng)라는 문구 덕분에 파일의 두 번째 줄에 있는 35004라는 숫자가 앨라배마(AL) 주에 있는 아크마(Acmar)라는 도시의 우편번호이며, 이곳의 위도는 33.584132이고 경도는 -86.51557라는 점을 쉽게 알아볼 수 있다. 이 파일에는 29,741개의 행(헤더 포함)이 기록되어 있으며 이는 미국에 있는 29,740여 개 도시의 우편번호와 위치 등에 대한 데이터다.

이번 예제는 이 데이터를 setup()에서 불러와서 draw()의 for 반복문을 통해 시각화하는 스케치를 보여준다. setXY() 함수는 파일에서 읽은 위도와 경도 데이터를 화면 위의 point()로 표시한다.

```
Table cities;
void setup() {
  size(240, 120);
  cities = loadTable("cities.csv", "header");
  stroke(255);
}
void draw() {
  background(0, 26, 51);
  float xoffset = map(mouseX, 0, width, -width*3, -width);
  translate(xoffset, -300);
  scale(10);
  strokeWeight(0.1);
```

```
  for (int i = 0; i < cities.getRowCount(); i++) {
    float latitude = cities.getFloat(i, "lat");
    float longitude = cities.getFloat(i, "lng");
    setXY(latitude, longitude);
  }
}
void setXY(float lat, float lng) {
  float x = map(lng, -180, 180, 0, width);
  float y = map(lat, 90, -90, 0, height);
  point(x, y);
}
```

> 💣 setup() 안에 있는 loadTable() 함수를 보면 "header"라고 하는 두 번째 매
> 개변수가 추가된 것을 볼 수 있다. 만약 이렇게 매개변수를 추가하지 않으면
> 코드는 CSV 파일의 첫 번째 행을 각 열의 이름으로 처리하는 대신 데이터로 처
> 리해 버린다.

Table 클래스에는 여러 메서드가 포함되어 있다. 이 중에는 행과 열
을 추가 또는 삭제하거나, 열에 있는 데이터를 중복되는 값이 없는 목
록으로 반환하거나, 표를 정렬하는 등 유용한 기능들도 많다. 각 메서
드를 다루는 예제 코드와 보다 자세한 설명은 프로세싱 레퍼런스에 잘
정리되어 있다.

JSON

JSON(JavaScript Object Notation) 양식은 데이터에 구조를 부여하는
매우 일반적인 체계 중 하나다. JSON은 HTML이나 XML과 마찬가지
로 각 데이터(값)가 라벨(속성)과 연결되는 속성-값 쌍 구조를 가진
다. 가령 영화의 경우, 제목(title), 감독(director), 개봉연도(year), 평점
(rating) 등의 속성이 있고 각 속성은 그에 상응하는 데이터와 쌍을 이
룬다.

즉, 영화의 속성-값 쌍은 다음과 같이 표현할 수 있다.

```
"title": "Alphaville"
"director": "Jean-Luc Godard"
"year": 1964
"rating": 7.2
```

JSON에서는 속성-값 쌍을 요소라고 부른다. JSON 양식의 요건을 충족하려면 요소와 요소 사이에 적절한 구두점을 추가해서 요소들을 서로 구분하거나 묶을 필요가 있다. 쉼표는 요소를 서로 구분할 때 사용하고 중괄호는 요소들을 묶을 때 사용한다. 중괄호로 한데 묶은 요소들은 'JSON 객체'라고 부른다.

JSON 양식의 요건을 충족하는 JSON 파일은 다음과 같은 모습을 갖추어야 한다.

```
{
  "title": "Alphaville",
  "director": "Jean-Luc Godard",
  "year": 1964,
  "rating": 7.2
}
```

앞의 JSON 표본에서 쌍점 우측의 값이 자료형에 따라 어떻게 다르게 표현되는지 눈여겨보도록 하자. 제목과 감독의 이름은 String 자료형이라는 것을 표현하기 위해 큰따옴표로 감싼데 비해 연도와 평점은 따옴표로 감싸지 않아 숫자라는 것을 보여준다. 특히 연도는 정수고 평점은 부동소수점수로 서로 자료형이 다르다. 이러한 자료형의 차이는 스케치에서 데이터를 불러와서 사용할 때 중요한 고려사항이 된다.

다른 영화의 데이터를 추가해서 JSON 객체의 목록을 만들려면 JSON 객체의 배열을 만든다. 아래에 보이는 양식에서 맨 처음과 맨 마지막에 추가한 대괄호 쌍은 바로 이 JSON 객체가 배열이라는 점을 보여준다. 중괄호로 묶은 각 JSON 객체들 사이에는 쉼표를 찍어서 서로 구분한다.

요건을 충족하는 JSON 객체의 배열은 다음과 같은 모습을 한다.

```
[
  {
    "title": "Alphaville",
    "director": "Jean-Luc Godard",
    "year": 1964,
    "rating": 7.2
  },
  {
    "title": "Pierrot le Fou",
    "director": "Jean-Luc Godard",
    "year": 1965,
    "rating": 7.7
  }
]
```

JSON 객체의 배열에는 같은 요령으로 얼마든지 영화 데이터를 추가할 수 있다. 한편, 동일한 데이터가 CSV에서는 어떻게 표기되는지 JSON 표기법과 비교해 보는 것도 흥미로울 것이다.

CSV 파일은 앞의 JSON 데이터를 다음과 같이 표기한다.

```
title, director, year, rating
Alphaville, Jean-Luc Godard, 1964, 9.1
Pierrot le Fou, Jean-Luc Godard, 1965, 7.7
```

CSV 표기법이 JSON 표기법에 비해 글자 수가 더 적다. 이러한 차이는 대량의 데이터를 처리할 때는 적지 않은 처리 속도 차이를 유발하는 중요한 요인이 되며, CSV를 사용하는 편이 더 유리하다. 한편, JSON은 각 데이터마다 라벨을 붙여 놓았기 때문에 CSV보다 더 알아보기 편하다.

지금까지 JSON에 대한 기초적인 내용을 살펴보았고 Table과 비교했을 때의 장단점도 알아보았다. 이제 프로세싱 스케치에서 JSON 파일을 읽는 코드를 보도록 하자.

예제 12-4: JSON 파일 읽기

이번 스케치는 이 절의 앞부분에서 보았던 JSON 파일을 불러온다. JSON 파일에는 영화 《알파빌(Alphaville)》에 대한 데이터가 저장되어 있다.

```
JSONObject film;

void setup() {
  film = loadJSONObject("film.json");
  String title = film.getString("title");
  String dir = film.getString("director");
  int year = film.getInt("year");
  float rating = film.getFloat("rating");
  println(title + " by " + dir + ", " + year);
  println("Rating: " + rating);
}
```

JSONObject 클래스의 객체에는 JSON 데이터를 저장할 수 있다. 일단 스케치에서 데이터를 불러오면 다음에는 데이터의 각 부분을 차례로 읽을 수도 있고 라벨을 이용하여 특정한 부분을 읽을 수도 있다. 데이터를 읽을 때는 자료형에 부합하는 메서드를 사용해야 한다. 영화 제목(title)의 자료형은 문자열이므로 getString() 메서드로 읽고, 개봉 연도(year)의 자료형은 정수이므로 getInt() 메서드로 읽는다.

예제 12-5: JSON 파일의 데이터를 시각화하기

만약 JSON 파일에 두 개 이상의 영화에 대한 자료, 즉 JSON 배열이 있다면 JSONArray라는 클래스를 사용해야 한다. 이번 예제에서 사용할 JSON 파일에는 1960년부터 1966년 사이에 개봉한 장뤼크 고다르 감독의 작품에 대한 정보가 저장되어 있다. 스케치는 이 데이터를 사용해서 영화의 제목을 화면에 시각화하는 코드를 보여준다. 영화의 제목은 개봉 연도에 따라 순서대로 나열하고 제목의 글자 색깔은 평점에 따라 명도를 다르게 표시한다.

이번 예제는 203쪽의 예제 12-4와는 몇 가지 다른 점이 있다. 가장 중요한 차이는 JSON 파일의 정보를 Film 객체에 넘기는 방식이다. setup()을 보면 우선 JSON 파일을 불러와서 JSON 배열에 할당한다. 그다음 for 반복문에서 JSON 배열의 각 객체를 JSONObject 객체에 할당하고, 이는 다시 Film 객체의 생성자에 매개변수로 전달된다. 그러면 생성자는 매개변수로 들어온 JSONObject의 데이터를 Film 객체에 있는 String, float 그리고 int 필드에 할당한다. Film 객체에는 영화의 제목을 표시하는 메서드도 정의되어 있다.

```
Film[] films;

void setup() {
  size(480, 120);
  JSONArray filmArray = loadJSONArray("films.json");
  films = new Film[filmArray.size()];
  for (int i = 0; i < films.length; i++) {
    JSONObject o = filmArray.getJSONObject(i);
    films[i] = new Film(o);
  }
}

void draw() {
  background(0);
  for (int i = 0; i < films.length; i++) {
    int x = i*32 + 32;
    films[i].display(x, 105);
  }
}

class Film {
  String title;
  String director;
```

```
  int year;
  float rating;

  Film(JSONObject f) {
    title = f.getString("title");
    director = f.getString("director");
    year = f.getInt("year");
    rating = f.getFloat("rating");
  }

  void display(int x, int y) {
    float ratingGray = map(rating, 6.5, 8.1, 102, 255);
    pushMatrix();
    translate(x, y);
    rotate(-QUARTER_PI);
    fill(ratingGray);
    text(title, 0, 0);
    popMatrix();
  }
}
```

이 예제는 영화의 다양한 데이터 중 일부분만 시각화하고 있다. 그리고 데이터를 불러오는 방법이나 데이터의 값을 시각화하는 방법도 매우 기본적인 수준에서 다루고 있을 뿐이다. 여기서 더 나아가 데이터를 근사하게 시각화하는 작업은 여러분의 몫으로 남겨둔다. 관심이 있는 독자라면 고다르 감독이 매년 제작한 영화의 수를 보여주는 작업을 해봐도 좋을 것이다. 또는 다른 감독의 활동과 비교하거나 대비해서 보여주는 것도 흥미로울 것이다. 한편, 시각화된 데이터의 가독성을 높이기 위해 글꼴의 종류, 스케치의 크기, 또는 가로-세로 비율의 변경 등을 고치는 방안도 고려해 볼 수 있을 것이다. 이 책의 앞부분에서 살펴 본 다양한 기법들을 이 스케치에 적용해서 개선해보기 바란다.

네트워크 데이터와 API

최근에 우리의 문화는 많은 변화를 겪고 있다. 우리가 스스로를 사회화하는 방식도 바뀌고 있고 사생활의 개념과 범위에 대한 인식까지도

현저하게 바뀌고 있다. 이런 변화는 일반 대중이 정부, 기업, 단체 그리고 개인이 수집한 방대한 데이터에 보다 수월하게 접근할 수 있게 되면서 가능해졌다. 데이터에 대한 접근은 대부분 'API'라고 하는 소프트웨어적인 구조를 통해 이루어진다.

API(Application Programming Interface), 즉 응용 프로그램 인터페이스라는 말은 사실 설명하기 쉽지 않고 그 의미도 명확하지 않지만 딱히 사용하기 어려운 것도 아니다. API는 데이터 작업을 할 때 매우 중요하다. 기본적으로 API는 정보 서비스를 제공하는 공급자에게 일반 사용자가 데이터를 요청하는 창구 역할을 한다. 하지만 데이터가 방대할 경우 통째로 데이터를 요청하는 행위는 실용적이지도 않고 바람직하지도 않다. 이런 상황에서 프로그래머는 API를 통해 자신에게 필요한 부분만 선택해서 데이터를 요청할 수 있다.

이러한 개념은 데이터를 요청하는 가상적인 상황을 상상해 보면 보다 쉽게 이해할 수 있다. 가령, 국내 모든 도시의 온도 변화를 데이터베이스에 저장하는 어떤 기관이 있다고 가정해 보자. 그리고 어떤 프로그래머가 특정한 도시의 1972년 10월의 온도 변화 자료를 구한다고 하자. 이런 경우 만약 프로그래머가 그 기관에 데이터베이스의 모든 데이터를 요청해서 받고, 그 방대한 데이터 중에서 필요한 부분만 찾아서 추려 내는 작업을 직접 해야 한다면 매우 비효율적일 것이다. 그보다는 필요한 부분만 기관에 요청하는 편이 훨씬 빠르고 간단할 것이다. API는 프로그래머가 데이터 서비스 기관이 정한 규칙에 따라 자신이 희망하는 데이터를 특정하는 한 줄 또는 몇 줄의 코드를 작성하면 해당 데이터를 불러올 수 있게 해준다.

한편, 일부 API는 누구든지 접근해서 사용할 수 있지만, 대부분의 API는 인증을 요구한다. 인증은 보통 고유한 사용자 ID 또는 키(key)

를 확인하는 방식으로 이루어지며 데이터 서비스를 제공하는 측에서는 인증 과정을 통해 사용자의 API 사용 현황을 확인할 수 있다. 한편, 대부분의 API는 데이터를 요청하는 횟수나 주기 등을 제한한다. 가령, 데이터 요청을 한 달에 1,000번만 할 수 있다거나 1초에 1회 이상은 할 수 없다는 등의 제한이 있다.

프로세싱을 실행하는 컴퓨터가 인터넷에 연결되어 있다면 프로세싱은 전 세계에 산재하는 데이터 서비스 제공자에게 데이터를 요청할 수 있다. 프로세싱에서 CSV, TSV, JSON 또는 XML 파일을 불러오는 함수(가령, loadJSONObject())의 매개변수에 PC에 있는 파일 이름 대신 서비스 제공자가 제시한 URL 주소를 넣으면 해당 데이터를 불러올 수 있다. 가령, 아래의 주소[1]를 열면 *openweathermap.org* 사이트에서 현재 런던의 날씨를 JSON 양식으로 불러올 수 있다(브라우저에서 열면 바로 데이터 확인이 가능하다).

http://samples.openweathermap.org/data/2.5/weather?q=London,uk&appid=b1
b15e88fa797225412429c1c50c122a1

> 🖋 *openweathermap.org* 사이트의 정보 제공 정책이 API 키를 사용하는 방식으로 바뀜에 따라 서비스를 제대로 사용하려면 사이트에 가입해야 한다. 하지만 이 책의 예제를 실습하는 데는 앞의 샘플 URL을 사용해도 충분할 것이다. 샘플 URL은 영국 런던의 날씨 데이터를 제공한다.
>
> 회원가입을 하면 자신만의 API 키를 만들 수 있다. 자신의 API 키를 사용할 때는 *samples.openweathermap.org*가 아니라 *api.openweathermap.org*에 요청을 하고 자신의 API 키를 추가한다. 가령 자신의 API 키가 12345678이라면

---

1 *http://bit.ly/2lMpBAd*

다음과 같이 URL을 구성하여 런던의 데이터를 요청한다.

- *http://api.openweathermap.org/data/2.5/weather?q=London&appid= 12345678&unit=metric*

이제 URL을 분석해서 어떤 방식으로 데이터를 요청하는지 살펴보자.

1. *openweathermap.org* 사이트의 하위 주소인 api 도메인에 데이터를 요청한다(샘플 URL의 주소는 sample로 시작하지만 사용자의 API 키를 사용할 때는 api로 시작한다).
2. 도시의 이름을 지정한다(q는 query의 줄임 표현이며 보통 검색을 요청하는 URL에 자주 사용한다).
3. 사용자의 API 키를 넣는다.
4. 데이터를 미터법(metric)으로 읽어온다. 즉, 온도의 값을 섭씨 단위로 불러온다. 만약 metric을 imperial로 바꾸면 화씨 단위로 온도를 읽을 수 있다.

OpenWeatherMap에 데이터를 요청하면 앞 절의 표나 JSON 예제들에서 소개한 간략한 데이터에 비해 다소 복잡하지만 대신 현장감이 살아 있는 데이터를 볼 수 있다. 이 책을 쓰는 현재 URL을 통해 읽을 수 있는 데이터는 다음과 같다.

```
{"coord":{"lon":-0.13,"lat":51.51},"weather":[{"id":300,"main":"Drizzle",
"description":"light intensity drizzle","icon":"09d"}],"base":"stations",
"main":{"temp":9.77,"pressure":1012,"humidity":81,"temp_min":9,"temp_max"
:11},"visibility":10000,"wind":{"speed":4.1,"deg":80},"clouds":{"all":90}
,"dt":1485789600,"sys":{"type":1,"id":5091,"message":0.0103,"country":"GB
","sunrise":1485762037,"sunset":1485794875},"id":2643743,"name":"London",
"cod":200}
```

이 데이터는 매우 복잡해 보이지만 쉼표, 줄바꿈, 중괄호 그리고 대괄호 등을 기준으로 JSON 객체 및 배열 양식에 맞게 다시 정리하면 훨씬 가독성을 높일 수 있다.

```json
{
  "coord": {
    "lon": -0.13,
    "lat": 51.51
  },
  "weather": [{
    "id": 300,
    "main": "Drizzle",
    "description": "light intensity drizzle",
    "icon": "09d"
  }],
  "base": "stations",
  "main": {
    "temp":9.77,
    "pressure": 1012,
    "humidity": 81,
    "temp_min":9,
    "temp_max":11
  },
  "visibility": 10000,
  "wind": {
    "speed": 4.1,
    "deg": 80
  },
  "clouds": {
    "all": 90
  },
  "dt": 1485789600,
  "sys": {
    "type": 1,
    "id": 5091,
    "message": 0.0103,
    "country": "GB",
    "sunrise": 1485762037,
    "sunset": 1485794875
  },
  "id": 2643743,
  "name": "London",
  "cod": 200
}
```

"weather" 라고 표시된 부분에 대괄호가 보인다. 이 대괄호는 JSON 객체의 배열을 나타낸다. 이번에 불러온 JSON 양식에는 한 도시에 대한 항목들만 있지만, API를 통해 여러 날의 데이터나 여러 지역의 정보를 불러오면 JSON 배열을 받거나 일부 항목이 늘어날 수도 있다.

이제 이 JSON 데이터를 london.json이라는 파일로 저장하자.

예제 12-6: 날씨 데이터 분석하기

날씨 데이터를 이용하려면 먼저 데이터를 이해하고 분석해서 원하는 부분을 추출할 수 있도록 코드를 작성해야 한다. 이 예제에서 우리는 런던의 현재 온도를 알고자 한다. JSON 데이터를 살펴보면 현재 온도는 섭씨 9.77도다. 이 데이터는 main이라는 이름의 객체 안에 있으며 temp라는 라벨을 달고 있다. 스케치를 보면 getTemp()라는 사용자 함수가 있다. 이 함수를 사용하면 JSON 파일의 구조 속에서 보다 효율적으로 온도 데이터를 찾을 수 있다.

```
void setup() {
  float temp = getTemp("london.json");
  println(temp);
}

float getTemp(String fileName) {
  JSONObject weather = loadJSONObject(fileName);
  JSONObject main = weather.getJSONObject("main");
  float temperature = main.getFloat("temp");
  return temperature;
}
```

setup()에서는 JSON 파일의 이름인 london.json을 getTemp() 함수의 매개변수로 넘긴다. getTemp() 함수는 london.json을 불러오고(잊지 말고 london.json 파일을 스케치의 data 폴더에 저장한다) JSONObject 클래스를 사용하여 JSON 파일의 데이터 구조에서 온도 데이터를 추출한다. 추출한 온도 데이터는 temperature 변수에 저장해서 함수의 반환값으로 사용한다. 이 반환값은 setup()의 temp 변수에 할당되고 콘솔에 출력된다.

예제 12-7: 메서드를 연결해서 사용하기

앞의 예제에서는 원하는 데이터를 얻기 위해 일련의 JSON 변수와 메서드를 나열했다. 하지만 get 메서드들을 연결해서 사용해도 같은 결과를 얻을 수 있다. 이 예제는 210쪽의 예제 12-6과 동일한 방식으로 작동하지만, 앞의 예제가 한 번에 한 줄씩 연산을 수행해서 그 결과를 객체에 할당하는데 비해 이번에는 get 메서드를 점(dot) 연산자로 연결하여 일련의 함수들이 한 줄에서 작동하게 한다.

```
void setup() {
  float temp = getTemp("london.json");
  println(temp);
}

float getTemp(String fileName) {
  JSONObject weather = loadJSONObject(fileName);
  return weather.getJSONObject("main").getFloat("temp");
}
```

getTemp() 함수가 어떻게 마지막에 온도 값을 반환하는지 눈여겨보자. 예제 12-6을 보면 소수점이 있는 값을 저장할 수 있는 float 변수를 만들어서 그 변수에 온도의 값을 저장하여 반환하고 있다. 하지만 이 예제에서는 중간에 값을 전달하는 변수 없이 get 메서드를 나열해서 데이터를 추출하고 바로 반환한다.

이 예제를 조금만 더 발전시키면 제공자로부터 보다 많은 데이터를 가져올 수도 있고 콘솔에 데이터를 출력하는 대신 화면에 시각화할 수도 있을 것이다. 나아가 인터넷의 다른 API를 통해 데이터를 읽도록 수

정할 수도 있을 것이다. 수많은 API는 비슷한 형식으로 데이터를 구조
화하고 있으니 어렵지 않게 사용할 수 있을 것이다.

로봇 10: 데이터

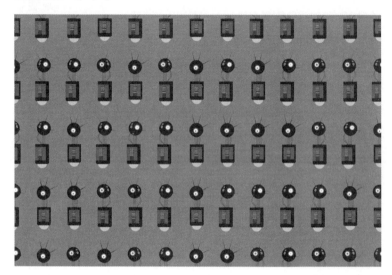

이 예제는 이 책의 마지막 로봇 예제다. 이번에는 앞의 로봇 예제들과
는 다르게 두 부분으로 이루어진다. 앞부분에서는 임의의 값과 for 반
복문으로 데이터 파일을 만든다. 이어지는 두 번째 부분에서는 앞서
만든 데이터 파일을 읽어서 로봇 군단을 화면에 표시한다.

첫 스케치에서는 PrintWriter 클래스와 createWriter() 함수를 처음
사용하게 된다. 이 클래스와 함수로 스케치 폴더에 파일을 만들고 그
파일에 스케치가 실행되는 동안 발생하는 데이터를 저장한다. 이 예제
에서는 PrintWriter 클래스로부터 output이라는 객체를 만든다. 데이터
를 저장할 파일의 이름은 botArmy.tsv이다. for 반복문에서는 output

객체의 println() 메서드로 데이터를 파일에 기입한다. 파일에 기입할
데이터는 화면의 특정한 위치에 표시되는 각 로봇의 이미지를 임의로
결정하는 값이다. 파일을 안전하게 저장해서 닫으려면 프로그램을 종
료하기 전에 flush()와 close() 메서드를 호출해야 한다.

먼저 타원을 그리는 코드로 로봇이 그려질 위치를 화면에 표시한
다. 타원의 위치는 파일에 저장하지만 타원 자체는 파일에 저장하지
않는다.

```
PrintWriter output;

void setup() {
  size(720, 480);
  // 새 파일을 만든다
  output = createWriter("botArmy.tsv");
  // 헤더 행에 열의 이름을 작성한다
  output.println("type\tx\ty");
  for (int y = 0; y <= height; y += 120) {
    for (int x = 0; x <= width; x += 60) {
      int robotType = int(random(1, 4));
      output.println(robotType + "\t" + x + "\t" + y);
      ellipse(x, y, 12, 12);
    }
  }
  output.flush(); // 파일의 나머지 부분을 마저 기록한다
  output.close(); // 파일을 닫는다
}
```

프로그램을 실행한 다음 스케치 폴더를 연다(Ctrl-K 또는 Cmd-K). 그
러면 botArmy.tsv라는 파일이 보이고, 파일을 열면 기록된 데이터를 확
인할 수 있다. 파일에 기록된 데이터는 아래와 비슷한 모습일 것이다.
만약 type, x, y와 같은 라벨이 보이지 않는다면 맨 윗줄에 추가한다.

```
type    x       y
3       0       0
1       20      0
2       40      0
1       60      0
3       80      0
```

맨 왼쪽의 첫 열은 화면에 표시될 로봇의 이미지 세 개 중 하나, 즉 로봇 이미지의 모양을 의미한다. 두 번째 열은 로봇의 x 좌표이고 세 번째 열은 y 좌표다.

다음 스케치는 앞서 작성한 botArmy.tsv 파일의 데이터를 로봇의 이미지와 위치에 반영한다.

```
Table robots;
PShape bot1;
PShape bot2;
PShape bot3;

void setup() {
  size(720, 480);
  background(0, 153, 204);
  bot1 = loadShape("robot1.svg");
  bot2 = loadShape("robot2.svg");
  bot3 = loadShape("robot3.svg");
  shapeMode(CENTER);
  robots = loadTable("botArmy.tsv", "header");
  for (int i = 0; i < robots.getRowCount(); i++) {
    int bot = robots.getInt(i, "type");
    int x = robots.getInt(i, "x");
    int y = robots.getInt(i, "y");
    float sc = 0.3;
    if (bot == 1) {
      shape(bot1, x, y, bot1.width*sc, bot1.height*sc);
    } else if (bot == 2) {
      shape(bot2, x, y, bot2.width*sc, bot2.height*sc);
    } else {
      shape(bot3, x, y, bot3.width*sc, bot3.height*sc);
    }
  }
}
```

마지막 스케치는 한 단계 더 발전된 방식으로 작성해 본다. Table 클래스의 rows() 메서드와 PShape의 배열을 사용하면 앞의 스케치를 보다 간결하고 유연하게 작성할 수 있다.

```
int numRobotTypes = 3;
PShape[] shapes = new PShape[numRobotTypes];
float scalar = 0.3;
```

```
void setup() {
  size(720, 480);
  background(0, 153, 204);
  for (int i = 0; i < numRobotTypes; i++) {
    shapes[i] = loadShape("robot" + (i+1) + ".svg");
  }
  shapeMode(CENTER);
  Table botArmy = loadTable("botArmy.tsv", "header");
  for (TableRow row : botArmy.rows()) {
    int robotType = row.getInt("type");
    int x = row.getInt("x");
    int y = row.getInt("y");
    PShape bot = shapes[robotType - 1];
    shape(bot, x, y, bot.width*scalar, bot.height*scalar);
  }
}
```

13
확장

프로세싱의 강점은 인터랙티브 그래픽을 효과적으로 구현하는 데 있다. 그에 따라 이 책도 인터랙티브 그래픽을 구현하는 데 초점을 맞추고 있다. 그렇다고 프로세싱의 용도가 컴퓨터의 모니터에서 구현되는 인터랙티브 그래픽에 국한된다고 생각하는 것은 금물이다. 프로세싱은 기계를 제어할 수도 있고, 영화의 장면을 만들 수도 있으며, 3D 프린터용 모델을 내보낼 수도 있다.

지난 십수 년간 라디오헤드(Radiohead)나 R.E.M 같은 뮤지션들은 뮤직 비디오를 만들 때 프로세싱을 사용했다.[1] 뿐만 아니라 《네이처(Nature)》와 《뉴욕 타임스》는 출판물의 삽화를 만들 때 프로세싱을 사용했고, 수많은 예술가와 디자이너들이 미술 전시회에 전시될 조각품이나 대형 미디어 월(media wall), 심지어는 스웨터를 뜨는 데에도 프로세싱을 사용했다. 프로세싱이 이렇게 높은 융통성이 높은 이유는 바로 프로세싱이 라이브러리라는 체계를 갖추었기 때문이다.

프로세싱 라이브러리(library)란 코드의 집합체로, 프로세싱이 기본

1　*http://benfry.com*

적으로 내장하고 있는 함수와 클래스 외에 추가적인 기능을 더 수행할 수 있도록 프로그램을 확장하는 역할을 한다. 라이브러리 덕분에 개발 자들은 프로세싱에 새로운 기능을 보다 빠르게 추가할 수 있었고 이는 프로세싱이 성장하는 데 중요한 몫을 했다. 왜냐하면 프로세싱 개발과 같은 소규모의 독립적인 프로젝트에서는 라이브러리로 기능을 확장하 는 방식이 소프트웨어의 덩치를 키우는 것보다 프로젝트를 관리하는 데 더 유리하기 때문이다.

스케치에서 라이브러리를 사용하려면 스케치→내부 라이브러리… 메뉴 안에 보이는 목록에서 원하는 라이브러리를 선택한다. 라이브러 리를 선택하면 스케치에 코드가 한 줄 추가된다. 이 코드는 해당 라이 브러리를 현재 스케치에서 사용하겠다는 의미이다.

가령, PDF Export 라이브러리를 선택하면 다음과 같은 코드가 현재 스케치의 맨 위에 추가된다.

```
import processing.pdf.*;
```

프로세싱에 포함되어 있는 기본 라이브러리는 코어(core) 라이브러 리라고 한다. 프로세싱 재단의 홈페이지에는 코어 라이브러리 외에도 100여 개 이상의 배포용 라이브러리가 연결되어 있다. 이 라이브러리 들은 다른 개발자들이 만들어서 기부한 것이다. 전체 라이브러리의 목 록은 다음 주소를 방문하면 확인할 수 있다.

http://processing.org/reference/libraries/

배포용 라이브러리를 사용하려면 먼저 Contribution Manager 도구로 해당 라이브러리를 다운로드해야 한다. 스케치→내부 라이브러리… →라이브러리 추가하기... 메뉴를 선택하면 Contribution Manager 창이 열린다. 창에서 Libraries 탭을 클릭하고 설치할 라이브러리를 선택한 다음 'Install' 버튼을 클릭하면 컴퓨터에 라이브러리가 설치된다. 운영체제와 라이브러리에 따라서는 프로세싱을 종료하고 다시 실행해야 라이브러리를 정상적으로 사용할 수도 있다.

다운로드한 라이브러리는 스케치북의 libraries 폴더에 저장된다. 스케치북의 위치는 프로세싱의 환경 설정 메뉴를 실행하면 확인할 수 있다. 한편, 라이브러리를 업데이트하거나 삭제할 때도 Contribution Manager를 사용한다.

앞서 언급했듯이 프로세싱 라이브러리는 100여 개를 훌쩍 넘기 때문에 이 책을 통해 모두 다 상세하게 다룰 수는 없다. 그에 따라 이 장에서는 라이브러리의 사용법을 잘 이해할 수 있고 조금이나마 유용하고 재미있는 결과를 얻을 수 있는 몇 개의 사례만 살펴보도록 한다.

사운드

사운드 오디오 라이브러리는 프로세싱 3.0부터 사용되기 시작했으며 소리를 재생, 분석 그리고 합성(신시사이즈)할 수 있다. 이 라이브러리는 앞서 소개한 Contribution Manager를 통해 다운로드해야 한다. (라이브러리의 크기 때문에 프로세싱에 기본적으로 내장되어 있지 않다.)

사운드 파일은 7장에서 살펴본 이미지, 도형, 그리고 글꼴 등과 마찬가지로 프로세싱 스케치에서 사용할 수 있는 또 하나의 미디어 형식이다. 프로세싱의 사운드 라이브러리는 WAV, AIFF 그리고 MP3 파일 등을 불러올 수 있다. 사운드 파일을 불러온 다음에는 재생, 정지, 반복 재생을 할 수 있을 뿐만 아니라 다양한 효과(effect) 클래스들을 사용해서 변조할 수도 있다.

예제 13-1: 사운드 파일 재생하기

사운드 라이브러리는 배경음악으로 파일을 재생하거나 화면에 어떤 이벤트가 발생했을 때 효과음을 재생하는 용도로 많이 사용한다. 다음 예제는 125쪽의 예제 8-5를 수정하여 움직이는 도형이 화면의 가장자리에 닿으면 소리를 재생하도록 했다. blip.wav 파일은 7장에서 다운로드한 media 폴더 안에 있다.[2]

다른 미디어와 마찬가지로 SoundFile 객체는 스케치의 위쪽에 정의되어 있으며, setup() 함수에서 재생할 파일을 불러오며 초기화한다. 불러온 소리 파일은 프로그램의 아무 곳에서나 사용할 수 있다.

```
import processing.sound.*;

SoundFile blip;

int radius = 120;
float x = 0;
float speed = 1.0;
int direction = 1;

void setup() {
  size(440, 440);
  ellipseMode(RADIUS);
  blip = new SoundFile(this, "blip.wav");
  x = width/2; // 화면 중앙에서 시작한다
}

void draw() {
  background(0);
  x += speed * direction;
  if ((x > width-radius) || (x < radius)) {
    direction = -direction; // 방향을 바꾼다
    blip.play();
  }
  if (direction == 1) {
    arc(x, 220, radius, radius, 0.52, 5.76); // 오른쪽을 향함
  } else {
```

---

2 *http://www.processing.org/learning/books/media.zip*

```
    arc(x, 220, radius, radius, 3.67, 8.9); // 왼쪽을 향함
  }
}
```

소리는 play() 메서드가 실행될 때마다 재생된다. 이 예제는 x 변수의
값이 화면의 가장자리에 이르렀을 때만 소리를 재생하므로 별다른 문
제가 없다. 하지만 만약 소리를 재생하는 함수가 draw()에서 계속 호
출된다면 소리는 1초에 60번씩 재생되므로 아무리 기다려도 소리가
종료되지 않을 뿐만 아니라 소리들이 서로 짧고 빠르게 겹쳐진다. 프
로그램을 실행했을 때 배경음악과 같은 소리가 바로 재생되게 하려면
setup()에서 play()나 loop() 메서드를 호출하여 해당 소리를 재생한
다. 그러면 파일을 한 번 호출하므로 정상적으로 재생되는 소리를 들
을 수 있다.

> ✏ SoundFile 클래스에는 소리를 다양한 방식으로 재생할 수 있는 메서드가 많
> 이 포함되어 있다. 가장 기본적인 메서드인 play()는 파일을 한 번만 재생한다.
> loop()는 파일을 처음부터 끝까지 반복해서 재생하는 메서드다. stop()은 재
> 생을 종료하고 jump()는 파일의 특정한 부분부터 재생한다.

예제 13-2: 소리 듣기

프로세싱은 소리를 재생할 수 있을 뿐만 아니라 들을 수도 있다. 사운
드 라이브러리는 컴퓨터에 내장되거나 연결된 마이크를 통해 실시간
으로 주변의 소리 정보를 읽을 수 있다. 나아가 소리 정보를 분석, 변
조 그리고 재생하는 작업도 가능하다.

```
import processing.sound.*;

AudioIn mic;
Amplitude amp;

void setup() {
  size(440, 440);
  background(0);
  // 오디오 입력 기능을 만들고 활성화한다
  mic = new AudioIn(this, 0);
  mic.start();
  // 진폭 분석기를 새로 만들고 입력 기능에 추가한다
  amp = new Amplitude(this);
  amp.input(mic);
}

void draw() {
  // 검은색으로 어두워져가는 배경을 그린다
  noStroke();
  fill(26, 76, 102, 10);
  rect(0, 0, width, height);
  // analyze() 메서드는 0부터 1 사이의 값을 반환한다
  // 따라서 map() 함수를 사용해서 보다 큰 범위의 값으로 변환한다
  float diameter = map(amp.analyze(), 0, 1, 10, width);
  // 음량을 원의 크기에 반영한다
  fill(255);
  ellipse(width/2, height/2, diameter, diameter);
}
```

마이크를 통해 주변 소리의 진폭(음량) 값을 읽는 작업은 두 단계로 이
루어진다. 먼저 AudioIn 클래스가 마이크의 신호 데이터를 읽고, 그 다

음 Amplitude 클래스가 신호 데이터의 크기를 측정한다. 각 클래스의 객체들은 코드 위쪽에 정의되어 있으며 setup()에서 초기화된다.

Amplitude의 객체(예제의 amp)를 만든 다음에는 input() 메서드로 AudioIn 객체(예제의 mic)를 amp 객체에 연결한다. 그러면 프로그램의 어디서든지 아무 때나 amp 객체의 analyze() 메서드를 실행하여 마이크 데이터의 진폭을 읽고 사용할 수 있다. 이번 예제에서는 draw()가 실행될 때마다 마이크의 데이터를 읽고 있으며 그 값을 원의 크기에 반영하고 있다.

앞의 두 예제에서 본 것과 같이 프로세싱은 소리를 재생하거나 분석하는 작업을 수행할 수 있다. 뿐만 아니라 프로세싱은 소리를 직접 합성할 수도 있다. 소리 합성의 기본 요소는 사인파, 삼각파 그리고 사각파와 같은 파형이다.

사인파로 만들어낸 소리는 부드러운 느낌이 난다. 그에 비해 사각파는 다소 거칠게 느껴지며 삼각파는 그 중간 정도의 느낌이 난다. 각 파형은 저마다의 속성을 갖고 있다. 음(tone)의 높낮이, 즉 음조(pitch)는 주파수(frequency)에 의해 결정되며 단위는 헤르츠(hertz)다. 음파의 진폭은 음량(volume), 즉 소리의 크기를 결정한다.

예제 13-3: 사인파 만들기

이번 예제에서는 mouseX의 값으로 사인파의 주파수를 변조한다. 마우스를 왼쪽이나 오른쪽으로 움직이면 귀에 들리는 소리의 주파수가 낮아지거나 높아지고 그에 상응하는 음파 시각화 형상도 좁아지거나 넓어진다.

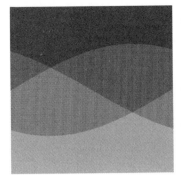

```
import processing.sound.*;

SinOsc sine;

float freq = 400;

void setup() {
  size(440, 440);
  // 사인파 발진기(오실레이터)를 만들고 작동(재생)시킨다
  sine = new SinOsc(this);
  sine.play();
}

void draw() {
  background(176, 204, 176);
  // mouseX의 값을 20Hz부터 440Hz의 주파수 범위로 변환한다
  float hertz = map(mouseX, 0, width, 20.0, 440.0);
  sine.freq(hertz);
  // 소리의 주파수를 시각화하는 파형을 그린다
  stroke(26, 76, 102);
  for (int x = 0; x < width; x++) {
    float angle = map(x, 0, width, 0, TWO_PI * hertz);
    float sinValue = sin(angle) * 120;
    line(x, 0, x, height/2 + sinValue);
  }
}
```

코드의 위쪽을 보면 SinOsc 클래스의 객체인 sine을 정의하고 있다. 그리고 sine 객체는 setup()에서 생성자를 통해 초기화된다. 샘플 파일과 마찬가지로 음파도 play() 메서드를 사용해야 소리를 만들기 시작한

다. 마우스의 수평 위치를 파형의 주파수에 반영하기 위해 draw()에서는 freq() 메서드를 반복해서 호출하고 있다.

이미지 및 PDF 내보내기

saveFrame() 함수를 사용하면 프로세싱 프로그램으로 구현한 역동적인 화면을 일련의 연속적인 이미지 파일로 저장할 수 있다. draw()의 맨 마지막에 saveFrame() 함수를 기입하면 프로그램이 표시하는 각 프레임을 TIFF 형식의 이미지로 변환하고 screen-0001.tif, screen-0002.tif 등의 이름을 붙여 스케치 폴더에 저장한다.

저장한 파일들은 동영상 편집 프로그램에서 일괄적으로 불러와서 동영상으로 변환할 수도 있다. 저장할 파일의 이름이나 이미지 형식은 다음과 같이 코드 한 줄로 지정할 수 있다.

```
saveFrame("output-####.png");
```

파일 이름에서 숫자가 들어갈 부분에는 해시 마크(#)를 기입한다. 스케치가 실행되고 saveFrame() 함수가 호출되어서 파일이 저장될 때는 해시 마크 부분이 프레임의 번호로 바뀌어 저장된다. 한편, 필요하다면 다음과 같이 이미지를 저장할 하위 폴더를 지정할 수도 있다. 이 기능은 많은 이미지를 저장해야 하는 프로젝트에서 유용하게 활용할 수 있다.

```
saveFrame("frames/output-####.png");
```

> 💣 draw()에서 saveFrame() 함수를 호출하면 프레임마다 새로운 파일이 추가로 저장된다. 따라서 주의하지 않으면 스케치 폴더에 금세 수백, 수천 개가 넘는 파일이 저장된다.

예제 13-4: 이미지 저장하기

이번 예제에서는 2초짜리 동영상을 만들 수 있을 정도로 충분한 분량의 이미지를 저장한다. 스케치를 실행하면 117쪽의 '로봇 5: 미디어'에서 보았던 로봇의 이미지를 화면에 띄우고 오른쪽으로 이동하게 한다. robot1.svg 파일을 다운로드해서 스케치에 추가하는 방법은 7장을 참고한다.

이 예제는 프로그램을 초당 30프레임의 속도로 실행한다. 그리고 60프레임이 경과하면 프로그램을 종료한다.

```
PShape bot;
float x = 0;

void setup() {
  size(720, 480);
  bot = loadShape("robot1.svg");
  frameRate(30);
}

void draw() {
  background(0, 153, 204);
  translate(x, 0);
  shape(bot, 0, 80);
  saveFrame("frames/SaveExample-####.tif");
  x += 12;

  if (frameCount > 60) {
    exit();
  }
}
```

프로세싱은 사용자가 지정한 확장자(.png, .jpg 또는 .tif는 모두 지원하며 플랫폼에 따라 다른 확장자를 지원할 수도 있다)에 따라 이미지를 해당 형식으로 저장한다. 저장한 파일을 확인하려면 스케치→스케치 폴더 열기 메뉴를 선택한다.

.tif 이미지는 비압축 방식으로 이미지 정보를 저장한다. 덕분에 저장하는 속도는 빠르지만 파일의 용량이 크다. 한편, .png와 .jpg 파일은 압축식 파일이므로 상대적으로 파일의 크기가 더 작다. 하지만 압축을 하는 데 시간이 소요되므로 저장하는 시간도 더 길어져 결국 스케치의 실행 속도를 떨어뜨릴 수 있다.

벡터 그래픽 파일로 저장하고 싶다면 PDF 파일로 저장하는 편이 좋다. 그러면 고해상도의 파일도 문제없이 만들 수 있다. PDF Export 라이브러리를 사용하면 스케치에서 바로 PDF 파일로 내보낼 수 있다. 벡터 그래픽 파일은 이미지를 해상도의 손실 없이 맘껏 원하는 크기로 늘릴 수 있어서 포스터, 배너 그리고 책 등 인쇄용 출력물로 사용하기에도 부족함이 없다.

예제 13-5: PDF에 그리기

이 예제는 225쪽의 예제 13-4를 토대로 여러 대의 로봇을 그린다. 다만, 이번에는 움직임이 없다. 프로세싱으로 PDF 파일을 만들려면 PDF 라이브러리를 사용한다. PDF 라이브러리를 불러오는 코드는 스케치의 맨 위에 있다.

이 스케치는 Ex-13-5.pdf라는 PDF 파일을 만든다. 이는 size() 함수의 세 번째와 네 번째 매개변수 덕분에 실행된다.

```
import processing.pdf.*;
PShape bot;
```

```
void setup() {
  size(600, 800, PDF, "Ex-13-5.pdf");
  bot = loadShape("robot1.svg");
}

void draw() {
  background(0, 153, 204);
  for (int i = 0; i < 100; i++) {
    float rx = random(-bot.width, width);
    float ry = random(-bot.height, height);
    shape(bot, rx, ry);
  }
  exit();
}
```

이번 스케치는 실행해도 화면에 아무것도 나타나지 않으며 심지어는
디스플레이 창조차 열리지 않는다. 로봇 그림은 PDF 파일에 곧장 기
록되어 스케치의 작업 폴더에 저장된다. 이 예제에서 디스플레이 창이
열리지 않는 이유는 draw() 함수의 마지막 행에 있는 exit() 함수 때문
이다. 스케치를 통해 만들어진 PDF는 그림 13-1과 유사하다.

프로세싱에는 PDF 내보내기를 다루는 예제가 더 있다. 파일→예
제...의 PDF Export에는 보다 다양한 기법을 소개하는 예제들이 들어
있다.

아두이노

아두이노는 전자 기술적 프로토타입을 만드는 플랫폼이다. 이 플랫폼
은 특정한 용도의 마이크로컨트롤러를 장착한 다수의 하드웨어 보드
와 이 보드를 프로그래밍할 수 있는 소프트웨어로 이루어진다. 프로
세싱과 아두이노는 서로 다른 분야에 주력하고 있지만, 개념과 목표를
공유하는 자매 프로젝트로서 오랜 시간 함께 발전해 왔다. 프로세싱과
아두이노는 매우 유사한 편집기와 프로그래밍 환경 그리고 문법을 사
용한다. 덕분에 사용자가 프로세싱과 아두이노 사이를 오가는 일은 매

그림 13-1 예제 13-5에서 PDF 내보내기를 실행한 결과

우 쉬운 편이며 프로세싱과 아두이노의 긴밀한 보완적 관계를 십분 활용하기도 수월하다.

이번 절에서는 아두이노 보드에서 전송한 데이터를 프로세싱에서 읽고 시각화하는 작업에 초점을 맞춘다. 이러한 작업은, 프로세싱 사용자들에게는 새로운 입력 장치를 사용할 수 있는 가능성을 열어주고, 아두이노 프로그래머들에게는 센서의 값을 그래픽으로 확인할 수 있는 환경을 제공한다는 점에서 의미가 크다. 사용자는 아두이노에 장착된 그 어떤 센서도 프로세싱의 새로운 입력 장치로 사용할 수 있다. 여기에는 거리 센서부터 컴퍼스 그리고 온도 센서에 이르기까지 헤아릴 수 없을 만큼 다양한 장치들이 포함된다.

이 절의 예제들을 실습하려면 아두이노 보드와 몇 가지 부품을 준비해야 하고 또한 이 장치들의 사용법에 대한 최소한의 이해가 있어야 한다. 만약 아두이노를 처음 사용한다면 *http://www.arduino.cc*에서 제공하는 입문 자료를 읽어 보도록 한다. 마시모 반지가 집필한 훌륭한 입문서인 『손에 잡히는 아두이노(3판)』을 보는 것도 큰 도움이 될 것이다. 만약 이미 기본적인 아두이노 사용법을 알고 있고 프로세싱과 아두이노의 통신에 대해 보다 심도 깊은 이해가 필요하다면 톰 아이고의 『재잘재잘 피지컬 컴퓨팅 DIY』를 읽도록 한다.

프로세싱 스케치와 아두이노 보드는 서로 데이터를 송수신할 수 있다. 아두이노가 전송한 데이터를 프로세싱에서 읽으려면 시리얼(Serial) 라이브러리를 사용한다. 시리얼이란 데이터를 하나의 바이트(byte)씩 순차적으로 전송하는 통신 규격을 지칭한다. 아두이노의 경우 byte는 0부터 255까지의 숫자를 저장할 수 있는 자료형이다. int와

거의 비슷하지만 저장할 수 있는 값이 훨씬 작다. byte가 저장할 수 있
는 값보다 더 큰 값(가령, 1023)을 송수신하려면 송신자는 데이터를 몇
개의 byte로 쪼개서 송신해야 하고, 수신자는 수신한 쪼개진 데이터를
모아서 하나의 값으로 조립해야 한다.

　이어지는 예제에서는 데이터를 송신하는 아두이노 코드는 가능한
한 간단하게 작성하고 대신 데이터를 수신하는 프로세싱 측에 집중하
여 스케치를 작성한다. 프로세싱은 아두이노로부터 수신한 데이터를
한 바이트씩 화면에 출력하여 시각화한다. 이 책에서 다루는 기본적인
원리를 이해하고 나아가 인터넷에 있는 수많은 예제들을 살펴보면 보
다 복잡한 통신도 구현할 수 있을 것이다.

예제 13-6: 센서 사용하기

다음의 아두이노 코드는 이어지는 세 개의 프로세싱 예제에서도 변함
없이 계속 사용할 수 있다.

```
// 주의: 이 코드는 아두이노용으로서 프로세싱에서는 작동하지 않는다

int sensorPin = 0;   // 입력 핀을 지정한다
int val = 0;

void setup() {
  Serial.begin(9600);   // 시리얼 포트를 연다
}

void loop() {
  val = analogRead(sensorPin) / 4;   // 센서의 값을 읽는다
  Serial.write((byte)val);           // 변수의 값을 시리얼 포트에 출력한다
  delay(100);                        // 100밀리초 동안 기다린다
}
```

이 아두이노 예제를 정상적으로 사용하려면 두 가지를 주의해야 한다.
첫째, 아두이노 보드의 아날로그 입력 0번 핀에 센서를 연결해야 한

다. 센서의 종류는 크게 중요하지 않다. 빛 센서(포토 레지스터, 포토셀, 광 의존적 저항 등의 이름으로 불리기도 한다) 또는 다른 아날로그 저항을 사용하면 된다. 가령, 휨 센서, 압력 센서(압력 감지형 저항) 등을 사용해도 무방하다. 아두이노와 센서는 그림 13-2의 회로도와 브레드보드 배선도를 참고해서 연결한다. 둘째, analogRead() 함수로 읽은 값을 4로 나눈 뒤 val 변수에 할당해야 한다. analogRead() 함수는 입력 핀을 통해 읽은 값을 0부터 1023까지의 값으로 반환한다. 이는 byte에 저장할 수 있는 0부터 255까지 범위에 비해 4배나 큰 값이다. 따라서 4로 나누어 하나의 byte에 저장할 수 있는 값으로 변환해야 통신할 때 문제가 생기지 않는다.

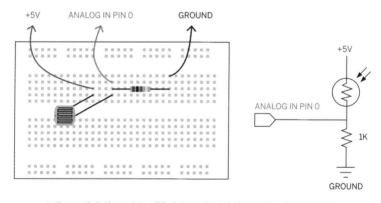

그림 13-2 빛 센서(포토 레지스터)를 아날로그 입력 0번 핀에 연결하는 회로도와 배선도

예제 13-7: 시리얼 포트를 통해 데이터 읽기

프로세싱의 첫 번째 시각화 예제는 아두이노 보드의 데이터를 시리얼 포트를 통해 수신해서 읽은 다음 그 데이터를 화면의 크기에 맞게 변환해 시각화하는 방법을 보여준다.

```
import processing.serial.*;

Serial port;   // Serial 클래스의 객체를 만든다
float val;     // 시리얼 포트를 통해 읽은 값을 저장할 변수

void setup() {
  size(440, 220);
  // 중요:
  // 일반적으로 아두이노가 연결된 포트는
  // Serial.list() 함수로 검색한 첫 번째 포트이다
  // 만약 아두이노가 다른 포트에 연결되어 있다면
  // 아래에 있는 printArray()의 주석을 해제하고
  // 스케치를 실행해서 시리얼 포트의 목록을 출력하고
  // 아두이노가 연결된 포트의 인덱스 값을 대괄호([]) 안에 기입한다
  //printArray(Serial.list());
  String arduinoPort = Serial.list()[0];
  port = new Serial(this, arduinoPort, 9600);
}

void draw() {
  if (port.available() > 0) { // 만약 데이터를 수신했다면
    val = port.read();         // 데이터를 읽어서 val에 저장한다
    val = map(val, 0, 255, 0, height);  // 값을 변환한다
  }
  rect(40, val-10, 360, 20);
}
```

스케치의 첫 번째 줄에는 Serial 라이브러리를 불러오는 코드가 있다. 시리얼 라이브러리를 불러오면 Serial 클래스로 객체를 만들 수 있다. Serial 객체(예제의 port)는 setup()에서 시리얼 포트 초기화하며 아두이노 보드와의 통신을 준비한다. 한편, 컴퓨터의 하드웨어 설정에 따라 프로세싱 스케치와 아두이노 보드 사이의 통신은 매우 쉬울 수도 있고 매우 까다로울 수도 있다. 프로세싱 스케치는 보통 두 개 이상의 시리얼 포트를 검색할 수 있다. 따라서 아두이노가 컴퓨터의 첫 번째 포트에 연결되어 있다면 앞의 스케치로 바로 통신이 되지만 그렇지 않다면 setup()의 주석을 주의 깊게 읽고 아두이노가 연결된 포트를 찾아 새로 지정해야 한다.

draw()에 있는 Serial 객체의 read() 메서드는 아두이노가 전송한 데

이터를 프로그램으로 읽어 들인다. 프로그램은 아두이노가 전송한 새로운 바이트가 시리얼 포트를 통해 도착했을 때만 데이터 읽기를 시도한다. available() 메서드는 새로운 바이트가 도착했는지 확인할 뿐만 아니라 도착해 있는(즉, 읽을 수 있는) 바이트의 수를 반환한다. 이 프로그램은 draw()가 한 번 실행될 때마다 도착한 하나의 바이트를 읽는다. map() 함수는 도착한 바이트의 값을 원래의 범위인 0부터 255 사이의 값에서 0부터 height 사이의 값(화면의 높이)으로 변환한다. 즉, 이 프로그램에서는 0부터 220 사이의 값으로 변환한다.

예제 13-8: 데이터 스트림 시각화하기

앞에서 우리는 아두이노가 송신한 데이터를 프로세싱이 수신해서 사각형의 위치에 반영하는 예제를 살펴보았다. 이제 조금 더 흥미로운 시각화 기법을 살펴본다. 센서의 값은 상당히 불규칙한 경우가 많다. 따라서 평균값으로 부드럽게 처리하는 편이 더 유용할 때가 많다. 이번에는 화면을 위와 아래로 나누고, 위에는 빛 센서의 값을 들어오는 대로 표시하고 아래에는 평균값으로 처리하여 부드럽게 표시한다.

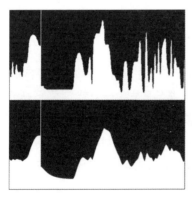
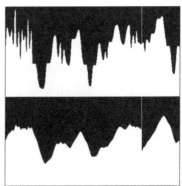

```
import processing.serial.*;

Serial port;   // Serial 클래스의 객체를 만든다
float val;     // 시리얼 포트를 통해 읽은 값을 저장할 변수
int x;
float easing = 0.05;
float easedVal;

void setup() {
  size(440, 440);
  frameRate(30);
  String arduinoPort = Serial.list()[0];
  port = new Serial(this, arduinoPort, 9600);
  background(0);
}

void draw() {
  if (port.available() > 0) { // 만약 데이터를 수신했다면
    val = port.read();        // 데이터를 읽어서 val에 저장한다
    val = map(val, 0, 255, 0, height);  // 값을 변환한다
  }
  float targetVal = val;
  easedVal += (targetVal - easedVal) * easing;

  stroke(0);
  line(x, 0, x, height);         // 검은 선을 그린다
  stroke(255);
  line(x+1, 0, x+1, height);     // 흰 선을 그린다
  line(x, 220, x, val);          // 센서의 불규칙한 값
  line(x, 440, x, easedVal + 220); // 센서의 평균값

  x++;
  if (x > width) {
    x = 0;
  }
}
```

이 스케치는 68쪽의 예제 5-8과 69쪽의 예제 5-9와 유사한 방식으로 감속(이징) 기법을 적용했다. 아두이노 보드로부터 수신한 새로운 바이트의 값이 목푯값이 되고, 현재의 값과 목푯값 사이의 차이에 easing 변수의 값을 곱해서 현재의 값이 목푯값에 조금 가까워지도록 바꾼다. easing 변수의 값을 조절하면 센서의 값을 더 부드럽게 처리하거나 덜 부드럽게 처리할 수 있다.

예제 13-9: 데이터를 표현하는 또 다른 방법

이 예제는 레이더 영상 화면에서 영감을 받았다. 이 예제에서도 아두이노 보드의 값을 읽는 방법은 앞의 예제와 같다. 하지만 이번에는 134쪽의 예제 8-12, 135쪽의 예제 8-13, 그리고 136쪽의 예제 8-15에서 소개한 sin()과 cos() 함수를 사용해서 데이터를 방사형 패턴으로 표시한다.

```
import processing.serial.*;

Serial port;  // Serial 클래스의 객체를 만든다
float val;    // 시리얼 포트를 통해 읽은 값을 저장할 변수
float angle;
float radius;

void setup() {
  size(440, 440);
  frameRate(30);
  strokeWeight(2);
  String arduinoPort = Serial.list()[0];
  port = new Serial(this, arduinoPort, 9600);
  background(0);
}

void draw() {
  if (port.available() > 0) { // 만약 데이터가 도착했다면
    val = port.read();        // 데이터를 읽어서 val에 저장한다
```

```
  // val의 값을 radius의 범위에 맞게 변환한다
  radius = map(val, 0, 255, 0, height * 0.45);
}

int middleX = width/2;
int middleY = height/2;
float x = middleX + cos(angle) * height/2;
float y = middleY + sin(angle) * height/2;
stroke(0);
line(middleX, middleY, x, y);

x = middleX + cos(angle) * radius;
y = middleY + sin(angle) * radius;
stroke(255);
line(middleX, middleY, x, y);

  angle += 0.01;
}
```

스케치를 실행하면 angle 변수의 값이 지속적으로 업데이트되며 시계 바늘처럼 화면의 선을 회전시킨다. 그리고 val 변수는 회전하는 선의 길이를 아두이노의 센서값에 비례하게끔 늘이거나 줄인다. 덕분에 화면의 중앙을 축으로 삼아 회전하는 선은 마치 레이더 화면처럼 아두이노의 값을 방사형으로 표시한다. 한 바퀴 회전한 선은 이전에 그렸던 선을 덮어 쓴다.

우리는 프로세싱과 아두이노를 함께 사용함으로써 소프트웨어의 세계와 전자 장치의 세계를 연결하는 작업이 가능할 뿐만 아니라 이는 매우 흥미롭고 큰 잠재력을 가졌다는 점을 잘 알고 있다. 이 책에서는 다루고 있지 않지만, 프로세싱과 아두이노의 통신은 양방향으로 이루어질 수 있다. 즉, 화면에 일어나는 일들이 아두이노 보드에 영향을 줄 수도 있는 것이다. 이는 프로세싱이 여러분의 컴퓨터와 다른 전자 제어 장치들, 가령 모터, 스피커, 조명, 카메라, 센서 등을 이어주는 인터페이스 기능을 수행할 수 있다는 의미가 되기도 한다. 아두이노에 대해 더 알고 싶다면 *http://www.arduino.cc*를 참고하기 바란다.

부록 A
코딩 팁

코딩은 일종의 글쓰기다. 모든 글쓰기가 그러하듯이, 코딩을 할 때도 일정한 규칙을 따라야 한다. 가령, 우리가 글을 쓸 때를 상상해 보자. 우리는 우리나라의 말과 글에 이미 익숙해 있기 때문에 평소에는 별로 의식하지 않을 수도 있지만 사실 우리는 엄연한 글쓰기 규칙을 지키고 있다. 우리가 따르는 규칙 중 하나로는 글을 왼쪽에서 오른쪽 방향으로 쓴다는 것이 있다. 또 다른 규칙으로는 단어와 단어 사이에 공백을 넣는다는 것도 있다. 보다 명시적인 규칙도 있다. 맞춤법과 띄어쓰기는 글쓰기를 할 때 지켜야 하는 대표적인 규칙들이다. 문장의 맨 끝에는 마침표, 물음표, 느낌표 등의 구두점을 달아 의미를 강조한다. 하지만 우리는 일상생활에서 이러한 규칙을 지키지 않는 경우도 종종 있다. 가령, 친구에게 "길동, 방가~ 오늘 모해?"라고 문자를 보내기도 하는데, 그래도 친구는 용케 "길동, 반가워. 오늘 뭐해?"라고 알아듣는다. 하지만 컴퓨터는 인간 친구만큼 우리의 말을 유연하게 이해하지 못한다. 코딩에서는 단지 글자 하나만 규칙에서 벗어나도 실행되지 않는 프로그램과 규칙에서 벗어나더라도 실행되는 프로그램으로 나누어진다. 덕분에 코딩을 할 때는 인간과 대화할 때와는 비교도 할 수 없을 정도로 정확하고 신중한 글쓰기를 해야 한다. 그렇게 해야만 코딩이라는 글쓰기를 통해 컴퓨터와 대화하는 일이 가능해진다.

프로세싱에는 우리가 어떤 실수를 어디서에서 했는지 알려주는 기능이 있다. 만약 우리가 작성한 코드에 문법적인 오류가 있다면(이러한 오류를 버그라고 부른다) 프로세싱의 실행 버튼을 눌렀을 때 메시지 영역이 빨갛게 바뀌고 문제를 일으키는 곳으로 추정되는 행도 강조된다. 진짜 버그는 보통 강조된 행의 바로 윗줄이나 아랫줄에 있다. 하지만 가끔은 강조되는 행과 멀리 떨어진 엉뚱한 곳에 버그가 있는 경우도 있으니 그런 때는 주의 깊게 버그를 찾아봐야 한다. 버그가 생겼을 때는 그에 대한 정보와 간략한 해결 방안이 메시지 영역에 출력된다. 하지만 때로는 메시지가 너무 수수께끼 같아서 한눈에 이해하기 어려울 수도 있다. 특히 초심자의 경우에는 이런 에러 메시지 자체에 당황하고 주눅이 들어 더 이상 손을 쓰지 못하기도 한다. 프로세싱은 사용자를 최대한 고려한 프로그램이다. 하지만 아무리 그렇다고 하더라도 사용자가 의도하는 것을 모두 알아듣는 데는 한계가 있다. 따라서 코딩을 할 때는 컴퓨터가 잘 알아들을 수 있게 규칙에 따라 작성해야 한다.

코드에 문제가 있을 때는 콘솔에 보다 길고 상세한 에러 메시지가 출력된다. 에러 메시지에는 많은 정보가 담겨 있다. 그래서 메시지를 꼼꼼히 읽어 내려가다 보면 문제 해결의 실마리를 찾게 되는 경우도 많다. 한편, 프로세싱은 한 번에 하나의 에러만 찾아낸다. 만약 프로그램에 버그가 매우 많이 있다면 실행 버튼 누르고 버그를 찾아 해결하는 과정을 여러 번 반복해야 한다.

이어지는 절에서는 코드를 잘 작성하는 데 도움이 될 만한 팁을 몇 가지 소개할 것이다. 읽고 또 읽어서 코딩에 유용하게 활용하기 바란다.

함수와 매개변수

하나의 프로그램은 단순한 기능을 수행하는 수많은 작은 부분들로 이루어진다. 즉, 프로그래머는 단순하고 작은 기능들을 모아 복잡한 기능을 수행하는 큰 프로그램을 작성한다. 우리가 일상적으로 사용하는 말도 사실 이와 비슷하다. 우리는 단어들을 모아 구절을 만들고 구절들을 모아 문장을 만들며 문장들을 통해 문단을 만든다. 이런 원리는 코드를 작성할 때도 마찬가지다. 다만, 프로그램을 작성할 때는 단어, 구절, 문장, 문단 등의 명칭 대신 다른 명칭을 사용한다. 함수(function)와 매개변수(parameters)는 프로그램에 필요한 중요한 요소들이다. 함수는 프로세싱 프로그램을 구축하는 데 없어서는 안 될 기본 요소다. 그리고 매개변수는 함수가 특정한 방식으로 작동하게 만드는 역할을 한다.

가령, 디스플레이 창의 배경색을 설정할 때 사용하는 background() 함수를 보자. 원하는 배경색을 지정하려면 세 개의 매개변수를 함수의 괄호 안에 기입해야 한다. 세 개의 매개변수는 색을 구성하는 빨강, 초록, 그리고 파란색의 값에 해당하며 각 매개변수의 값에 따라 최종적인 배경색을 정할 수 있다. 예를 들어, 다음과 같이 코드를 작성하면 배경색을 파란색으로 설정한다.

```
background(51, 102, 153);
```

앞의 코드를 주의 깊게 살펴보면 몇 가지 중요한 점을 파악할 수 있다. 함수의 이름 뒤에는 괄호가 있으며, 괄호는 숫자들을 감싸고 있고, 각 숫자 사이에는 쉼표가 있다. 행의 맨 마지막에는 쌍반점이 붙어 있는데, 쌍반점은 프로세싱에서 마침표와 같은 의미가 있다. 즉, 컴퓨터는 쌍반점을 만나면 하나의 구문이 끝난다고 간주하고 새로운 구문을 읽

을 준비를 한다. 코드가 실행되려면 이 모든 부분이 제대로 갖춰져야
한다. 다음의 잘못 표현된 사례들을 보고 코드를 작성할 때 무엇에 주
의해야 하는지 다시 한 번 확인해 보자.

```
background 51, 102, 153; // 에러! 괄호가 없음
background(51 102, 153); // 에러! 쉼표가 하나 없음
background(51, 102, 153) // 에러! 세미콜론이 없음
```

우리에게는 매우 사소해 보이는 것도 컴퓨터에게는 치명적인 경우가
많다. 그래서 컴퓨터는 갖춰야 할 부분들을 제대로 충족하지 않거나
위반하는 표현들이 포함된 코드를 좀처럼 용납하지 않는다. 그러므로
코드를 작성할 때 이러한 부분들을 잊지 않는다면 버그를 훨씬 줄일
수 있다. 그렇다고 너무 걱정할 필요는 없다. 우리는 모두 코드를 작성
할 때 실수를 한다. 코드에 오류가 있더라도 프로세싱의 에러 메시지
를 참고하여 수정하면 프로그램은 정상적으로 작동할 것이다.

코드의 색깔

프로세싱은 프로그램의 각 부분을 다른 색깔로 표시하는 기능이 있다.
가령, 프로세싱에 내장된 함수나 변수들은 파란색이나 주황색 등으로
표시된다. 덕분에 코드가 복잡하더라도 쉽게 함수와 변수를 찾아낼 수
있다. 그에 비해 사용자가 정의한 함수나 변수 등은 검은색으로 표시
된다. 또한 (), \[\] 그리고 >와 같은 기본적인 기호들도 검정색으로 표
시된다.

주석

주석은 프로그래머가 자기 자신이나 다른 프로그래머가 언젠가 참고

할 수 있도록 코드에 작성하는 일종의 쪽지다. 주석은 보통 일상적인 자연어로 작성하며 코드의 작성자나 제목 또는 용도나 설명 등의 정보를 코드에 남겨두기 위해 사용한다. 슬래시 두 개(//)는 주석이 시작되는 지점을 표시한다. 이 표시가 있는 행의 오른쪽에 있는 글자는 모두 주석으로 처리된다.

```
// 슬래시 두 개는 그 오른쪽을 주석으로 처리함
```

두 줄 이상을 주석으로 처리하려면 /* 와 */ 로 코드를 감싼다. 그러면 아무리 긴 코드라도 하나의 주석으로 묶을 수 있다.

```
/* 이 주석은
   두 줄 이상의 행을
      모두 주석으로 처리함*/
```

주석으로 처리된 부분의 글자는 회색으로 표시된다. 여러 줄을 주석으로 처리해도 주석의 영역은 모두 회색으로 바뀌므로 주석이 시작하는 부분과 끝나는 부분을 쉽게 구별할 수 있다.

대문자와 소문자

프로세싱은 대문자와 소문자를 서로 다른 글자라고 인식한다. 따라서 프로세싱은 "Hello"라는 표현을 "hello"와 다른 표현으로 간주한다. 가령, 사각형을 그리는 rect() 함수를 Rect()라고 잘못 기입한다면 코드는 실행되지 않는다. 프로세싱에 내장된 함수를 사용하고 있는지 확인하려면 코드의 색깔이 파란색이나 주황색으로 바뀌는지 확인한다.

코드 정리하기

프로세싱은 빈 칸에 대해서는 상대적으로 너그러운 편이다. 덕분에 프로그래머는 빈 칸을 사용해서 자신의 취향에 맞게 코드를 정리할 수 있다. 가령, 프로세싱은 아래의 세 표현 모두 정상으로 인식한다.

```
rect(50, 20, 30, 40);
```

```
rect (50,20,30,40);
```

또는,

```
rect    (       50,20,
 30,   40)              ;
```

프로그래머는 독특한 취향에 따라 코드를 정리할 수 있지만, 무엇보다 코드는 읽기 쉽게 정리하는 것이 가장 좋다. 이는 코드가 길어지면 길어질수록 더욱 중요해진다. 깨끗하게 정리해서 작성한 코드는 읽기도 쉽고 원하는 부분을 찾기도 쉽다. 그에 비해 정리되지 않은 코드는 종종 프로그래머의 착각을 유발해 심각한 실수를 저지르게 할 수도 있다. 코드를 말끔하게 작성하는 습관을 키우도록 하자. 코드를 잘 정리하는 방식은 다양하며 각자 자신의 방식에 맞는 최적의 방식을 선택하면 된다.

콘솔

콘솔(console)은 프로세싱의 맨 아래에 있는 검은 영역이다. println() 함수를 사용하면 콘솔에 원하는 메시지를 출력할 수 있다. 가령, 다음의 코드는 현재 시간을 콘솔에 출력한다.

```
println("Hello, Processing.");
println("The time is " + hour() + ":" + minute());
```

스케치의 필요한 곳에 println() 함수를 넣고 콘솔에 특정한 정보를 출력하게 만들면 프로그램이 실행되는 동안 그 안에서 무슨 일들이 어떻게 진행되고 있는지 가늠할 수 있다. 콘솔에 변수의 값을 출력하면 상태의 변화를 추적할 수도 있고, 코드의 특정한 지점에서 특정한 내용을 출력하게 하면 프로그램이 그 지점까지 실행되고 있는지, 기대하는 이벤트가 일어나고 있는지, 그리고 프로그램에 별다른 문제가 없는지도 확인할 수 있다.

천 리 길도 한 걸음부터

프로그램을 작성할 때는 코드를 추가할 때마다 바로바로 실행해서 버그가 생기지 않았는지 확인하는 것이 좋다. 코드를 확인하는 주기를 뜸하게 가지면 자신도 모르는 사이에 코드의 어느 곳엔가 버그가 생겨서 나중에는 큰 문제를 일으키곤 하기 때문이다. 이 세상 제 아무리 복잡한 프로그램이 있더라도 그 역시 코드를 한 줄 한 줄 추가해서 만들었다는 점을 잊지 말자. 추진하려는 프로젝트가 있다면 일단 더 작고 단순한 하위 프로젝트들로 나눈다. 그리고 하위 프로젝트를 하나씩 차례차례 완성하도록 한다. 그래야 버그를 최소화할 수 있다. 만약 버그가 생겼다면 문제가 있다고 의심되는 부분의 코드만 따로 떼어 내거나 그 외의 부분들을 잠시 주석으로 처리하여 문제의 부분에 집중한다. 버그를 잡을 때는 수수께끼 놀이나 퍼즐을 푼다고 생각하자. 설령 문제를 해결할 길이 보이지 않거나 막히더라도 잠시 쉬면서 머리를 식힌 다음 다시 도전하면 된다. 친구나 주변 사람들에게 도움을 요청하는 것도 좋은 방법이다. 문제의 해결책은 종종 아주 가까운 곳에 있기 마련이다. 하지만 많은 경우 문제에서 한 발 물러서야 비로소 그 답이 보이곤 한다.

부록 B
자료형

우리 주변의 자료(데이터)는 그 형식에 따라 서로 구분할 수 있다. 가령, 신분증만 하더라도 다양한 형식의 자료가 담겨 있다. 주민번호나 생년월일 등을 표시하는 숫자 형식의 자료도 있고 이름과 주소를 표시하는 문자열 형식도 있으며 사진과 같은 이미지 형식의 자료도 있다. 마찬가지로 프로세싱에도 다양한 형식의 자료가 있다. 그리고 서로 다른 형식의 자료는 해당 자료형에 저장한다. 각 자료형에 대해서는 이 책의 곳곳에서 자세하게 설명하고 있다. 한편, 프로세싱에서 자주 사용하는 자료형은 다음과 같다.

자료형	설명	저장할 수 있는 값의 범위
int	정수 (범자연수)	-2,147,483,648부터 2,147,483,647
float	부동소수점수	-3.40282347E+38부터 3.40282347E+38
boolean	논리의 값	true 또는 false
char	하나의 글자	A-z, 0-9 그리고 기호들
String	여러 글자들	모든 종류의 글자, 단어, 그리고 문장 등
PImage	PNG, JPG 또는 GIF 이미지	해당사항 없음
PFont	프로세싱에서 사용할 수 있는 글꼴은 createFonts( ) 함수나 글꼴 생성 도구로 만든다.	해당사항 없음
PShape	SVG 파일	해당사항 없음

참고로 float 자료형은 연산할 때 소수점 이하 약 네 자리까지만 정확성을 보장할 수 있다. 따라서 수를 계속 세거나 단계 진행을 표현할 때는 int 자료형을 사용하는 편이 좋다. 하지만 어떤 값을 총량에 대한 비율 등으로 계산해야 한다면 float 자료형을 사용하도록 한다.

앞의 표는 프로세싱에서 자주 사용하는 주요 자료형을 보여주지만 프로세싱에는 더 많은 자료형들이 내장되어 있다. 뿐만 아니라 10장에서 언급한 바와 같이 새로운 클래스는 곧 새로운 자료형이므로 사실 프로세싱의 자료형은 무한하다.

부록 C
연산의 우선순위

연산자로 표현된 수학 계산식은 사전에 정의된 연산자의 우선순위에 따라 각 연산을 순차적으로 처리한다. 이러한 연산의 우선순위 덕분에 코드는 언제나 같은 방식으로 실행된다. 사실 프로그래밍에서 말하는 연산의 우선순위는 산수나 대수학과 다를 바가 없다. 다만 프로그래밍에서는 일반적으로 잘 사용하지 않는 연산자들이 몇 개 더 있을 뿐이다.

연산자	기호	표현 예시
괄호	()	a * (b + c)
전후위 및 단항	++ -- !	a++ --b !c
곱셈 및 나눗셈	* / %	a * b
덧셈 및 뺄셈	+ -	a + b
관계	> < <= >=	if (a > b)
등호	== !=	if (a == b)
논리적 AND	&&	if (mousePressed && (a > b))
논리적 OR	||	if (mousePressed || (a > b))
할당	= += -= *= /= %=	a = 44

앞의 표는 연산의 우선순위에 따라 연산자들을 정리한 것이다. 위의

연산자가 아래의 연산자보다 우선순위가 더 높다. 따라서 괄호 안의
연산이 가장 먼저 실행되고 할당 연산이 가장 마지막에 실행된다.

부록 D
변수의 유효 범위

변수의 유효 범위를 정하는 규칙은 사실 매우 간단하다. 블록(중괄호 { 와 }에 둘러싸인 코드) 안에서 새로 만든 변수는 그 블록 안에서만 사용할 수 있다. 이는 setup() 안에서 만든 변수는 setup() 블록 안에서만 사용할 수 있을 뿐 draw() 블록에서는 사용할 수 없다는 의미이며, 마찬가지로 draw() 안에서 만든 변수는 draw() 블록 안에서만 사용할 수 있다. 그에 비해 setup()과 draw() 블록 밖에서 선언한 변수는 사용 범위에 제한을 받지 않는다. 이런 변수들은 setup()이나 draw()에서 모두 사용할 수 있을 뿐만 아니라 사용자가 정의한 모든 함수에서도 사용 가능하다. 한편, setup()과 draw() 블록 밖의 영역도 하나의 암묵적인 코드 블록이라고 간주할 수 있다. 이 영역에서 선언한 변수는 프로그램의 전 지역에서 볼 수 있고 사용할 수 있으므로 '전역 변수(global variables)'라고 부른다. 그에 비해 특정한 블록 안에서 선언한 변수는 '지역 변수(local variable)'라고 부른다. 변수의 유효 범위를 잘 보여주는 한 쌍의 예제를 준비했다. 첫 번째 코드는 다음과 같다.

```
int i = 12;   // 전역 변수 i를 선언하고 12를 할당한다

void setup() {
  size(480, 320);
  int i = 24; // 지역 변수 i를 선언하고 24를 할당한다
  println(i); // 콘솔에 지역 변수 24를 출력한다
}

void draw() {
  println(i); // 콘솔에 전역 변수 12를 출력한다
}
```

두 번째 코드는 다음과 같다.

```
void setup() {
  size(480, 320);
  int i = 24; // 지역 변수 i를 선언하고 24를 할당한다
}

void draw() {
  println(i); // 에러! 지역 변수 i는 setup()에서만 사용할 수 있다
}
```

찾아보기